科学で証明する

パワーストーン入門

なぜ天然石が幸運をもたらすのか？

伊藤麻美
Asami Ito

はじめに

私達は、綺麗な石を手にするとうれしくて幸せな気持ちになります。それは地球が長い年月をかけて育んできた惑星のパワーであり、贈り物だからではないかと思います。

古来から、人は石に特別な力を感じてきました。

これまで、その力はファンタジックな世界観やオカルト的に語られることが多かったと思います。

しかし、2021年の現在、古来より感じてきたその力は、科学的な研究が進められる領域に至っています。

「パワーストーンを科学、量子力学の観点から説明する、科学的なパワーストーンの本を書きましょう」という依頼をしてくださったのは、NPO法人薬害研究センターでのセミナーを聴講されていた当書の出版社様でした。

最初の聴講の際、「正直にいうとパワーストーンなんて眉唾物だろうと思ったけれど、聴講して概念が変わった。とても面白い！」とおっしゃってくださったのが始まりです。

これまで私のクラスや勉強会で話してきたこと、レクチャーしてきたことを一冊の本として残せる機会を与えてくださった両者に深く感謝致します。

しかしながら、パワーストーンを科学、量子力学の観点から説明するといっても、私は科学者でも物理学者でもありませんから、絶対といいきれない部分もあります。

この本には、私自身が天然石の力を体感し、私自身や愛犬、そして多くの方が効果を得ていく事例と過程の中で、なぜそれが起こるのか？　ということを追いかけた結果が書かれています。様々な振動の法則の理論、波の法則、振動医学や宇宙理論に当てはめてみると、全ての辻褄が合い、点と点が線になり、やがてその線が立体化したものとして読んで頂けたら幸いです。

ロジカルに体系化をしてきたのには、自分自身や多くのクライアントさんが体感、体験した効果の過程から、純粋になぜ？　という疑問と、その疑問の答えに関心がある人がたくさんいるということを知ったからだと思います。

一方で、自然物に対して本来理屈なんてなくていい、理屈なんて後からついてくるものだとも思っています。ただ、時に石と関わる中で起きる説明のつかない幸運や変化は、思考で納得できた時に初めて、確かなものとして当たり前に存在するようになるのではないかとも思っています。

時折、科学者たちがセレンディピティという表現を使います。セレンディピティとは、

「幸運な偶然を手に入れる力」を意味し、特に科学の世界において、大きな発見が偶然からもたらされた時によく用いられる表現です。

多くの科学者は、セレンディピティ（幸運な偶然を手に入れる力）は、人間にとって体感と思考と感情が一致した時に得られる能力だといいます。

思考と体感が一致し、自分の内部で達成したものが、外部を変えていく大きな力となります。

この本が、夢や希望を持ち続けられる人生のために、天然石を当たり前のように取り入れ、心と肉体と精神をバランスよく保ち、快活に生きる選択肢の基盤になって頂けたらうれしいです。

科学で証明するパワーストーン入門　目次

第2部

パワーストーンとチャクラ

第3部 パワーストーンデータ事典

その他の石

第4部

知っておきたい天然石Q&A

第1部

科学で証明するパワーストーン入門

世界各国における天然石の存在感と
人間の波動を物理的に動かすクリスタルヒーリング

第1章

パワーストーンとは何か

◆人と天然石の歴史

人々が天然石を生活に取り入れてきた歴史は古く、紀元前3000年以上前、世界最初に生まれたメソポタミア文明の時代、太陽暦の確立と共に太陽石、月の石という概念が生まれていました。

古代インドやヨーロッパでは、赤い石は血液の状態を良くする治療薬とし、翡翠《ひすい》は蛇にかまれた時の治療薬、古代エジプトではマラカイトの粉をアイシャドウとして用い、眼病予防や目に虫が入るのを防ぐために使うなど、石を医療として使った歴史も世界各地で記録され、文献や書物として今も残るものがあります。

また世界中でいい伝えや伝説も多く残り、古代からインドでは、神々が登場する叙事詩で天然石について語られている『マハーバーラタ』があります。

天然石が力を持つという考えは、アステカ文明では勇者に〝力を与える物〟として石を報償として与えたり、古代オリエント王達はラピスラズリの力を王家の者だけが持てる石と定め、亡骸にはツタンカーメンの黄金のマスクに代表されるように、装飾品として棺に納め、亡くなった後までその力を持つことを望みました。

また、ラピスラズリは文明にも大きく関わった石です。

この石をアフガニスタンからオリエントの王達に運ぶため、東行路と西行路ができ、アジア諸国へはシルクロードを渡り、お土産として献上されました。ヨーロッパ諸国へは海を渡り、水に溶けやすく色落ちしづらい性質から高級顔料〝ウルトラマリン〟と呼ばれ、青い色彩が美しいフェルメールの絵画が誕生したのです。

アフガニスタンには、現在も青い山を目指せば中東に着くといわれるほどの巨大鉱山がありますが、当時砂漠以外何もなかった中東の人々にとって、ラピスラズリは大切な財産だったのです。

●マスクの青い部分がラピスラズリ

インドや日本、中国などのアジアの国々では水晶を始めとする様々な石が祈祷やお守りとして祀られたり、土地に埋められたりする風習があり、今も残る寺院で見ることができます。

古代遺跡や古代書などから、世界中の様々な分野で人々と天然石が深く関わってきた歴史を垣間見ることができます。

現代科学の発展に多大な功績を残した、理論物理学者のアインシュタインは、天然石を「人知を超えた存在の聖なるもの」とし、生涯を通して探求し続けました。

２０２１年の現代において鉱物は、様々な性質分析が行われ、ついには医療分野へとその研究が進み始めています。特に水晶の安定したバイブレーションの性質は、産業と科学の発展と維持に欠かせない存在となり、スマートフォンやＰＣといった現代のなくてはならない製品を支える基盤にもなっています。

◆天然石における日本と海外の認識差

◎パワーストーンは日本だけの呼び方

この本のタイトルを決める時、パワーストーンという表現には少し抵抗がありました。なぜかというと、私自身この言葉を使い慣れていないということがあります。けれど、天然石のヒーリングや効果効能について興味を持っている人には、パワーストーンという言葉を入れるのが一番わかりやすいというのが、今の日本における天然石に対する一般的な認識になっているのではと思います。

私がこの言葉を全くといっていいほど使い慣れていなかったり、パワーストーンという単語に抵抗がある理由として、私が天然石のヒーリングを勉強し始めた頃は、パワーストーンという呼び方は一般化されていませんでしたし、天然石をこういった総称で呼ぶのは現在も日本だけだからです。

諸外国で天然石をパワーストーンと呼ぶことはなく、外国のクリスタルショップでパワーストーンといっても通じません。以前、私の生徒さんがニューヨークの有名なストーンショップで、対応に出てきた店員さんに「パワーストーンが好きなんです！」といったら、「ごめんなさい、うちにはパワーストーンという名前の石は置いていないわ」といわれたそうです。

今は日本人がパワーストーンという呼び方をすることを知っているお店もあるかもしれませんが、基本的には日本だけの独特な呼び方です。そしてもう一つは、呼び名だけなら良いのですが、このパワーストーンという呼び方が浸透してから、オカルト的なイメージや、依存的なイメージが強くなったという印象があります。「何だか特別なすごいことをしてくれるもので、信じるか信じないかはあなた次第」といったイメージが広く浸透しているように感じるのです。

パワーストーンは、欧米ではクリスタルやミネラル、ジェムストーンと呼ばれることが多く、パワーストーンショップはクリスタルショップと呼ばれるのが一般的です。インスタグラムのハッシュタグで調べる時も、クリスタルやジェムストーンで検索すると多くの天然石がヒットします。

◎補完代替医療的存在の欧米諸国、オカルト的存在の日本

欧米諸国の人はクリスタルが好きで、日常の中で心身の健康やバランスを保つ目的として使っている人が多い印象です。

世界18カ国で出版されているアメリカの有名なファッションライフスタイル雑誌「VOGUE」では度々、アメジストやローズクオーツ、水晶といった美しいクリスタルが表紙を飾り、有名アーティストや俳優が天然石をライフスタイルの一つとして紹介しています。精神統一や緊張やストレスを取り除くため、リラクゼーションや心身のメンテナンスのため、最高のパフォーマンスのために身近に置いている、といったインタビュー記事が特集されたり、「VOGUE」が配信している動画では、人気ファッションモデルやデザイナー、アーティストや女優の家や庭に、天然石が置いてある映像が度々映し出されます。

過度に主張することもなく、庭やリビング、ベットサイドやバスルームなどに、インテリアの一部としてお洒落に飾られ、日常の中で瞑想に用いたり、身に着けているといった感じです。

また、乳児の歯ぐずりにアンバー、夜泣きに水晶が効くといった天然石の効果効能によるいい伝えも多くあり、生活の中にごく自然にある印象です。

ここには後述する、補完代替医療に対する根本的な国の取り組みや、自分自身をホリスティック（全体性）に捉える国民意識の高まり、それを後押しする振動（波動や気）医学のトレンドや最新情報を伝えるジャーナルやメディアの影響も大きく関わっている背景があると思われます。

一方、日本はどうかと見た時、未だ信じる信じないといったオカルト的なイメージや霊感商法の一つと捉えている人が多いと感じます。

日本は欧米諸国とは逆に、世界の補完代替医療における研究論文や国際サミットなど、グローバルでホリスティックなトレンドが一般メディアでほとんど報じられず論じられないことや、大多数の人が不調を改善するには西洋医学が第一選択肢、といった習慣も影響しているのかもしれません。

また、パワーストーンを扱う側のエネルギーを読める、あたかも牛耳っている、あなたを幸せにしてあげます、といった極端な販売や発信も多く、本来の天然石の効果を伝えられずに良さから遠ざけてしまっていて残念だと思うのです。

実際に、天然石が好きだし、用途に合わせてヒーリングに使いたいと思っていても、家族から嫌がられたり、「石を信じているの？」といわれたりして好きなことを隠している、といった話を周りから聞くと悲しい気持ちになります。

欧米諸国では、バイブレーションの理論を基にした根拠ある取り入れ方、日本では、信じるか信じないかといった感覚的な取り入れ方をしている人が多いのが現状ではないでしょうか。

◎若い層から拡がる天然石の魅力

ここ2、3年でしょうか。美容や健康に興味がある、ファッションに興味がある、起業しているといった若い層の方から天然石についてのお問い合わせが著しく増えてきました。彼らに、まだまだ日本ではオカルト的な発信が多くて…というと「そうなんですか？」と逆にキョトンとされることも少なくありません。

これには、SNSが関係しているようです。

数年前まで主流だったFacebookは比較的中高年以上の人、若い人はInstagramといった傾向にありそうです。

Instagramはハッシュタグで、興味のある対象を見つけられるので、発信力の強い海外のアーティストやショップがヒットすることが多く、そういった方面から見ている人達にとって、天然石はなりたい理想像や憧れの対象になる人達が心身のバランスと暮らしのために取り入れている素敵な物、といったお洒落なイメージがあるようです。

この先、日本人の生活の中でも、過度に天然石に対して執着したり依存したりすることなく「こんな時はこの石があると落ち着くの！」「私はこの石がリラックスするわ！」といった感じで、生活の中で心身のメンテナンスやワークに取り入れられたらうれしいと思っています。

Richell
colorvarie
for stylish life

第2章

補完代替医療としての天然石

◆欧米諸国と日本の医療概念の違い

欧米諸国と日本を比べた時の、天然石に対する認識の差には、医療に対する概念とも大きな関係があるかもしれません。

日本人である私達のほとんどは、悪い症状が出たら西洋医学を受診する、薬を飲む、というのが一般的ではないでしょうか。逆にいえば、他の選択肢として、どんな補完代替医療があるのか？　そこにはどれだけの症例があるのか？　どんな機関がエビデンスを取っているのか？　といった情報を簡単に得る方法がありません。これは国の医療への取り組みの概念が関係しているのでしょう。

代替医療や補完代替医療といった言葉自体、私達の国ではあまり馴染みがないかもしれませんが、欧米諸国では非常に人気のある医療分野です。特にアメリカでは近年急速に注目を浴びる医学分野となっており、ヨーロッパでは古来より伝承が続いている医療といったイメージです。

ヨーロッパやアメリカでは、alternative medicine（代替医療）、complementary and alternative medicine（補完・代替医療）、integrative medicine（統合医学）という言葉で、一般的にも広く使われ始め、生活の中に当たり前に存在する言葉です。

また、こういった代替医療や統合医学を特集するテレビ番組や、クリニックを紹介する雑誌、専門のジャーナルも刊行されていて、現在、国民の関心度の高さから1992年、米国議会は代替医療事務局（ＯＡＭ）を設立し、当初200万ドルの予算だった資金は、1999年には5,000万ドルが割り当てられています。

後の章で触れていきますが、鉱物と人間のバイブレーションの関係性についてＮＡＳＡの研究センターが積極的にデータを集めているといった事例もあります。国連世界保健機関の統計によると、人口比率的に日本は世界で最も現代西洋医学を利用している国民だそうです（恩恵を受けているともいえる）。しかし、世界全体で見ると、約75％の人々は健康管理を伝統的医療に頼っているという結果があります。

これには医療費や保険の問題、病院やクリニックの数などが理由として考えられますが、ＯＡＭ（代替医療事務局）の調査によると、むしろ高額保険に加入している中流から富裕層の人々が、この5年間で急速に利用しており、健康に対する根本的な意識改革が起こり始めているようです。

◆代替医療としての天然石・クリスタルヒーリング

では、実際に補完代替医療といった視点で見た天然石の役割とはどんなものでしょう。これは、体表や周囲に天然石を配置し、バランシングする伝承方法「クリスタルヒーリング」と呼ばれています。石が持つ固有のバイブレーションが人間の肉体的、感情的、精神的な面に共振し、心身の状態を正常なバランスに導き、健康状態を取り戻すというものです。

私が習得したイギリスの補完代替医療として認定されている伝統的なクリスタルヒーリングは、クリスタルのエネルギーとクリスタルが体と心に影響する力を利用する、ホリスティックで自然な療法という概念です。簡単にどのような治療を行うか紹介します。

クリスタルヒーリングを行うクリスタルセラピストは、クライアントの体の上、または周囲にヒーリングに役立つ天然石（ヒーリングクリスタル）を配置して、エネルギーのブロックを解除し、さらにバランスの良い方向に導くことで心身の健康を助けます。

私達人間全ては、物質的な肉体と感情や意識が異なるエネルギーで構成されており、これが停滞、不均衡、またはブロックされると、病気を引き起こす可能性があるという概念に基づいています。

天然石は、治療を受けているクライアントの問題点に対し、最も必要な場所でエネルギギーのブロックを解除します。このことにより心身のバランスを取り、健康を方向付けるのに役立ち、治療レベルで体を穏やかに癒すのをサポートします。

特筆すべきは、結晶（石）の種類が異なれば、特性やエネルギーも異なるということです。

クリスタルヒーリングについて、イギリスで刊行されている補完代替療法情報誌「Therapy directory（セラピーデレクトリー）」というジャーナルでは、クリスタルセラピストは、様々な石とそれらが私達にどのように影響するかについて幅広い知識を持っており、ヒーリングセッションでそれらを使用することができるセラピストであると紹介しています。

クリスタルヒーリングを行うにはいくつかの方法がありますが、最も一般的なのは、クライアントが横になって、特定の方法でクリスタルを体の上、または周囲に配置するものです。

使用するクリスタルの種類とその配置は、クライアントの不調の種類によって異なり、頭痛やストレスなどの身体的な懸念から、不安や緊張、恐

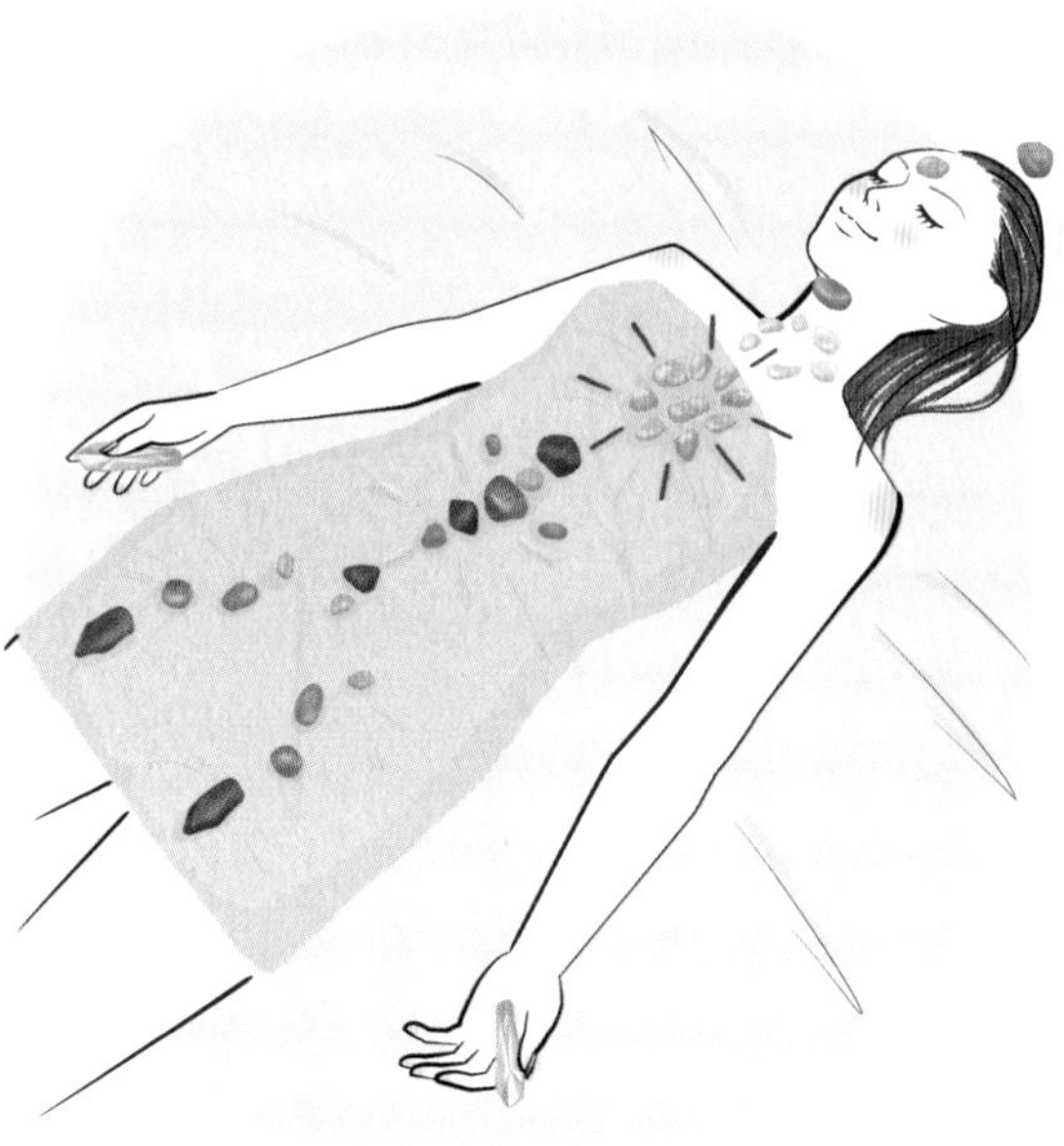

れなど、より感情的または精神的な懸念にまで及びます。

また、「Therapy directory（セラピーデレクトリー）」の雑誌やオンラインページでは「クリスタルは母なる地球の一部であり、私達と繋がり、バランスを取り、調和しています。それらはまた、内部だけでなく、私達の周りに存在し、地球上で相互接続している全ての生物と繋がります。そのために、セラピストにあなたの状態を話し、質問に答えることで的確な石を選んでもらう必要があります。優秀な施術者から施術を受けることで状態が改善していく、古くから信頼され続ける伝統治療です」と紹介されています。

このページは多くのイギリス人に支持されているもので、アロマやハーブ、鍼灸治療やカイロプラクティックなどいくつもの補完代替医療について詳しく説明されています。自分の目的や、困っている症状や改善したい症状を入力すると、適した補完代替医療をピックアップすることができ、近くの治療院が探せるというサイトです。治療院には資格取得年月日や登録ナンバーが掲載され、信頼できる治療院として紹介されていて、私達が近くの歯医者さんを探すのと同じような感覚です。

◆欧米諸国のヒーリングにおける保険適用

では次に、どれくらい信頼され利用されているのかがわかる例として、欧米諸国でのクリスタルヒーリングにおける保険適用について紹介します。

・イギリス

イギリスにおいてクリスタルヒーリングは、医療と同等の扱いで国の保険適用も認められており、イギリス政府の重大な病気になる前（未病）に気づき対処することが重要だという考えを基に、臨床データが専門機関で集められ、開業医による治療において、イギリスの医療保障制度であるＮＨＳ（国民保健サービス）の適用を受けることができるセラピーとなっています。

ＡＣＨＯ（クリスタルヒーリング関連団体連盟）という１９８８年に設立された、クリスタルヒーリング専門トレーニングスクールでは、ベーシックな知識習得後2年間の専門トレーニングコースを修了し、国が定めた認定資格の最高レベル取得に向け、さらに知識と経験を積んでいきます。

その後、資格取得に至った者だけが開業医登録を行うことができます。開業に至るためにはハイレベルの知識と技術が必要で、開業医になるまでに平均8年間を要します。

・アメリカ

アメリカでは医療機関を受診する際、各自が民間の保険会社と契約し、独自の保険加入をするシステムです。近年、補完代替医療の人気や受診率が高まり、クリスタルヒーリングの受診においても大手保険会社が独自の保健システムの適用を導入しています。欧米諸国の多くの国でこのタイプの保険があります。

・オランダ

追加保険料を払うことで、国が定める補完医療として、保険適用で治療を受けることができます。

・ドイツ

1980年代にいち早く、鉱物振動療法（クリスタルヒーリング）の保険適用を導入したドイツですが、2021年現在は、西洋医学第一主義者達との対立化が激しくなったことで、検証論と否定論が激化、鉱物療法を振動医学の伏線に位置付けています。これには政治的背景があると論じる人々がいます。

◆クリスタルヒーリングが根付いているイギリス

天然石を最初に代替医療として保険適用したのはイギリスです。Global Wellness Summit（ＧＷＳ）の基調講演者である Anna Bjurstam は「パーキンソン病を発症し、薬の大量摂取により臨床的副作用に苦しみ、後に天然石のセラピーにより完全な治癒を果たした」と話し、この経験をもとに、より多くの人がこの治療法を知るべきだといっています。

その他にもサッカーイングランド代表選手チームのメンバーが、メンタル面においてクリスタルによるヒーリングを導入したところ、高い確率でメンタルが良好に保たれるといった事例が挙がり、積極的にスポーツ選手の間でも推奨されるようになりました。また、故ダイアナ妃が精神面において、薬による治療の危険性を回避するためにクリスタルヒーリングを推奨したことが、特に人気の理由かもしれません。

イギリスでは、子どもの具合が悪くなったら、病院よりもまずはクリスタルヒーリングに連れて行くという人も多く、子どもから大人まで一般的な治療として浸透しています。様々な治療法がありますが、具体的にどのような流れで治療が行われるか紹介しましょう。

まずはカウンセリングの資格を持つセラピストがクライアントの現在の病状や状態をヒアリングし、クライアントと共に、病状を改善へ導くクリスタルを選びます。ベッドに横になったクライアントの体表や周囲にクリスタルを置き、人間本来が持つ治癒力を引き上げ、乱れている波動を正常に戻していきます。1度のヒーリングで改善する人もいれば、何度か通ううちに改善へ導かれる人もいます。

天然石を使って、実際に心身の状態を改善することができるクリスタルヒーリングは、医学的な治療ではありませんが、補完代替医療として人々に信頼されている治療法のため、施術にはセラピストの知識や経験が必須です。だからこそ、医学生並みの勉強時間が必要になってくるわけです。

セラピストは単なる思い込みではなく、効き目があるということを前提にして、薬でいう副作用的な症例や、バッドシチュエーションが起こるかもしれないことも学んだ上で、的確な調整を行います。

私も10年以上に渡り、クリスタルヒーリングをレクチャーするクラスを開催していますが、開催を始めた当初は1年間コースでカリキュラムを作っていました。けれど自分自身の知識と経験が増えるほど、そしてその効果を目の当たりにするほど、容易にクリスタルヒーラーとしてのディプロマ（資格証）を発行することに懸念が生じました。

なぜなら、天然石は漢方薬の処方に非常に似ているのです。後の章で述べますが、私達がアンバランスに導かれる、または望む状態になるためのプロセスは一様でないからです。注意深く、根本的な資質やアンバランスに至る原因に注目する必要があります。現在はそれらの経験を踏まえた2年以上かかるカリキュラムとなっています。

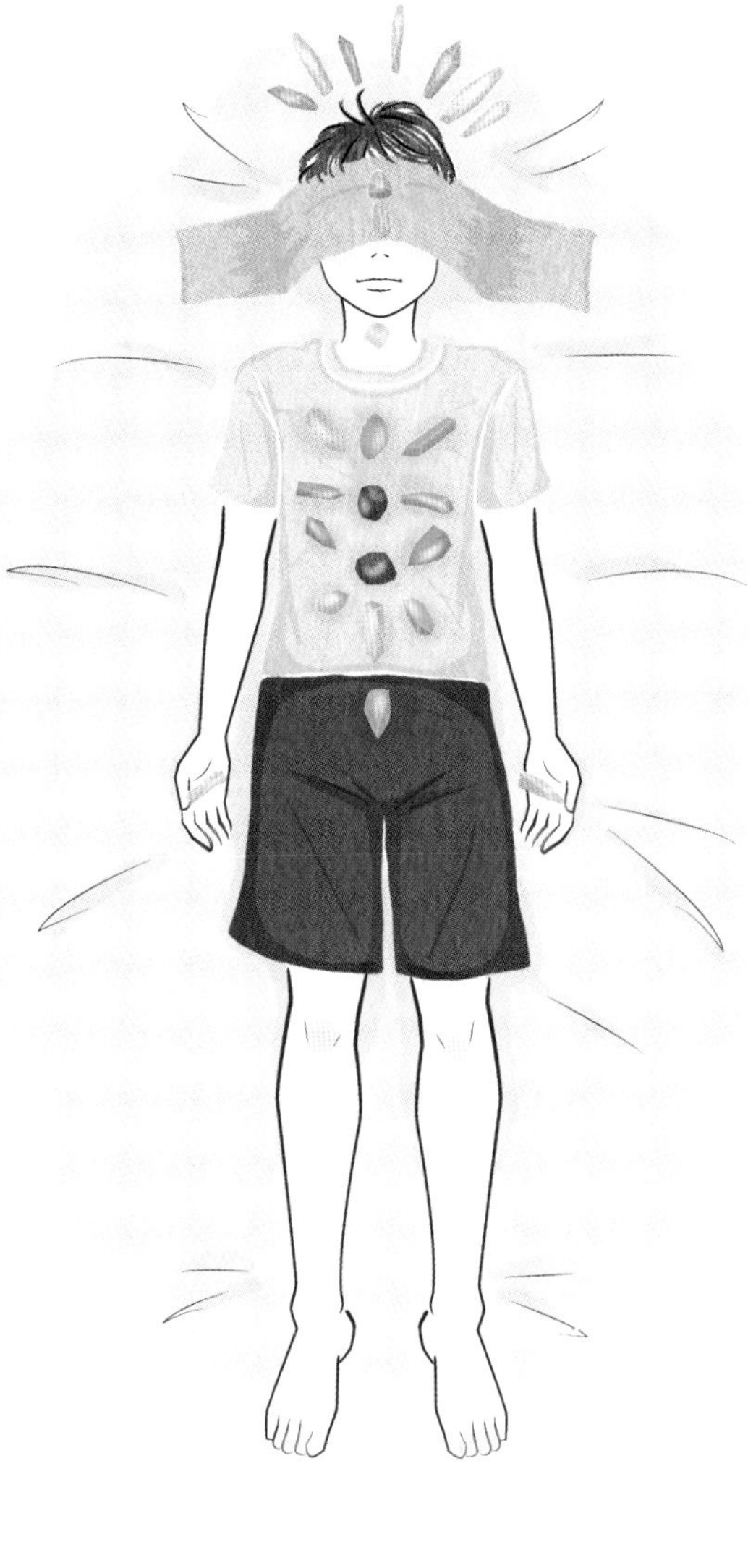

第3章

世界で行われている物理的、科学的研究

◆天然石のエネルギーを味方につける人々

多くの人に、天然石を信頼して生活の中に上手に取り入れてもらいたい。こんなに良いものがあるのだから使ってみて欲しいというのが私の願いですが、世の中にはどんな分野においても否定的な意見やジャッジメントが存在します。

これまで保険適用などの事例を挙げてきた欧米諸国内にも、否定論があることも事実ですし、天然石が好きな人を〝クリスタルマニア〟とバカにする人もいるようです。

しかし、2021年現在、「天然石が私達を元気にするため、肉体面、精神面、感情面のバランスを取るために有効である。それにより、モチベーションが上がったり、ポテンシャルが保てたり、ポジティブでいられるようになり、運気が開けた！　人生が変わった！」という人達は増え続けており、天然石の効果を信頼する人は特に先進国で増加し続けています。

米国内においては、1960年代以降、西海岸一帯で天然石は人気ですが、この数年、

ホリスティックケアの意識が急速に高まる東海岸でも、メディテーションブームと連動するように、クリスタルのエネルギーを味方につける、補完代替医療として取り入れる、といった人達が増加しています。

また、その効果を科学的に分析し研究する機関も増えています。

世界の科学者、医学博士、研究者やラボなどで構成される、GLOBAL WELLNES SUMIMIT（グローバルウェルネスサミット）２０２０で盛んに論じられたのは、私達は、一つのエネルギー体であるというエネルギーに注目した、これからの革新的な医療についてでした。ホームページに掲載されている一文には、Energy Medicine Serious と題し、

「あなたがクリスタルのエネルギーを単なるマニアと笑っても、１世紀もの間、私達が〝エネルギー体である〟ということを無視してきた医学は、私達が非常に複雑な電磁場であり、より多くの科学研究者達、例えば、ハーバード大学、ＮＡＳＡは、身体が実際に私達の身体的、及び精神的機能の電磁周波数と、光波の複雑なバイオフィールドであることを急速に発見しています。

これは生物学における定着した概念を揺さぶっています。科学者達は、宇宙、及び地球が電気力学的である概念を基にした、医学の新たな領域の方法を明らかにしていきます。

私達は今、興味深い瞬間にいます」

と、ノーベル賞受賞者である、アルバート・セント・ジェルジの〝私達のこれまでの医療の伝統では、心身の癒しはエネルギーを動かすことによって達成されてきました〟という言葉を引用して伝えています。

◆科学的研究が進む治療としての天然石

◎米国における研究

NASA Astrobiology Institute（宇宙生物学研究所）、及びＵＣＬＡ合同チームは、３２５種類の鉱物の計算された物理的性質のデータベース、という鉱物それぞれの分子と、結晶の原子運動をデータ編成したデータベースを基に、様々な研究を行っています。

※分子と原子の振動モードは結晶振動、Phonon（フォノン）と呼びます。

また、このデータベースを活用し、米国国立衛生研究所では「人間における全身振動の生理学的反応に対する鉱物振動干渉」についての研究が現在進行中と発表しています。これはまさに天然石を体に置いて、私達のアンバランスなバイブレーションを正常な状態に戻し、心や肉体の元気を取り戻すという、鉱物と私達の振動の干渉によるクリスタルヒーリングの概念そのものといえます。

◎オランダにおける研究

オランダ、グローニンゲン大学では、米国国立衛生研究所と同じく、鉱物のミネラル周波数と人間の振動周波数の干渉を、あらゆるパターンにおいて繰り返し研究し、その変化や変容の過程や結果をデータ化して「鉱物のミネラル周波数と人間の数学的アルゴリズムの仮説」と題した論文を発表しています。

これは、鉱物のミネラル周波数は人間の振動周波数を変化させることができ、振動周波数が変わることで、体感、及び状態に変化が起こる、起こせるというものです。

◎イギリスにおける研究

古典的なクリスタルヒーリングが今も愛され続けているイギリスでは、クリニックにおけるカウンセリングと、ヒーリング後の追跡調査から集めた臨床データを、長年に渡り収集し続けています。そのデータは統計化され、クリスタルヒーリングの開業医資格を取得するためのレクチャーや試験内容に反映されています。

◎ドイツにおける研究

医学として、最初に人間の振動の状態に注目し、研究を始めたのはドイツではないかと思います。具体的な病気を患っている人や、心療内科を受診する人の乱れのある振動を、健康な状態の人の振動数に、機械的に合わせることにより、元の状態に戻すといった振動医学が確立されています。

この医学は、難病さえ治すことが可能だとし多くの症例も挙げられていますが、ドイツ国内でしか診療を受けられません。鉱物振動療法は、この振動医学の伏線上に位置付けられています。

◎日本における研究

残念ながら、日本で鉱物の振動と人間の振動についての関係性をいくら検索しても、それらの研究がヒットすることはありません。日本においても、鉱物の振動や鉱物の固有の性質などは科学的な研究が進んでいますし、水晶におけるデバイス技術は世界一ですが、この研究を人間の健康のためや、代替医療としての確立を目指すという視点での研究は、私が探す限りでは行われていないようです。

全ての研究は産業や工業といった方向に視点が集まっています。

しかしながら、世界最小高性能の水晶デバイスの開発に成功し、世界一のメーカーと称される日本の企業、京セラは自社開発の人工水晶（養殖水晶）を、身に着けるブレスレットとして販売しています。

第4章

パワーストーン(クリスタル)の魅力と種類

◆鉱物に力を感じる

天然石が好きな多くの方は、「石に何らかの力を感じたことがある、またはなぜか惹かれてしまう」という方が多いのではないでしょうか?

私自身がまさにそうでした。ここで、私がクリスタルに興味を持ったきっかけをお話しします。特に石が好きだったわけでも、スピリチュアルな世界に傾倒していたわけでもない私が、突如クリスタルヒーリングに興味を抱いたのも、「効果を実感したから」。ある意味、体感してしまったからともいえます。

クリスタルヒーリングを習う最初のきっかけは、私自身の入院生活でした。30代の頃、仕事に子育てに日々、忙しくしていた私は、自分の心や肉体の状態を優先せず、目の前のことをがむしゃらにこなしていました。そんな中、突然関節が痛くなり、病院へ行っても原因不明という診断結果で、病状は日に日に悪化するばかり。とうとう限界を迎える寸前に訪れた大きな病院では、初診の翌週に検査入院となり、退院できたのはその5カ月後。

入院の間、数々の検査を経て、診断された病名は膠原病でした。

この病気は、現在も明確な原因や治療法が確立されておらず、症状を抑え込むという対症療法しかありませんでした。一生薬と縁が切れない、しかも周りからの、見た目にもわかるほどの強い投薬による副作用と、本来高めたいはずの免疫を抑える治療。しかもそれらは根本的に治す治療ではないにもかかわらず、現代西洋医学においては、それが第一優先選択肢の治療であり、これしかないと聞いた時、自分の人生の中で予想もしなかった出来事に途方に暮れました。

毎日、大量の薬を飲みながら、日に日に副作用が出てくる身体が可哀想で仕方なく、精神的にも追い詰められていくのを感じていました。そんな時に、お見舞いに来てくれた知人が天然石のブレスレットをくれたのです。それまで天然石に全く興味がなかったのに、ブレスレットを着けて眠った翌朝、肉体的な活力が湧いたのを体感したのです。今考えれば、そのブレスレットに入っていたローズクォーツは自分を愛し肯定する意味を持ち、ヘマタイトは血液の活動力と肉体エネルギーを高める作用を持つ石だったのです。

天然石の効果を感じた私は、ブレスレットをくれた知人からクリスタルヒーリングの概念を教わり、クリスタルヒーリングの学びを深めると同時に、定期的に施術を受けたところ、みるみる調子がよくなり、副作用どころか病状自体が改善されていったのです。

私自身は、幼い頃からスピリチュアルな世界観を持ってはいましたが、他人に押しつけられたり、目に見えないものを一方的に勧められるのが苦手で、感覚と思考、そして私自

身の気持ち、この全てがyesというものだけが納得できるものでした。

そのため、天然石の何かしらのエネルギーが私の体に影響したという体感を思考でも理解したいという思いが強く、再びヒーリングの基礎を勉強したのちに、科学的根拠を洗い出し、ヒーリング理論として立体化してみたくなったのです。

その過程は宇宙や私達の生命の根元に迫っていくようで、この世界こそがファンタジー溢れるワクワクするものでした。以前、物理学の教授が、科学者とは皆が〝不思議だな〟〝こんなことってあるのかな〟と感じることを真面目に研究してる人達なんだと話してくれたことを思い出します。

ここからは、そんなパワーストーン

（天然石）について具体的に話していきます。

◆私達がパワーストーンと呼んでいるものには何があるか

パワーストーンという名称は、私達になんらかの力を与える石といったイメージになるかと思いますが、広くパワーストーンと呼ばれて流通するものには、一般的に鉱物、天然ガラス、シェル、化石があります。

◎鉱物

パワーストーンとして流通する石の大半は鉱物です。それでは鉱物とは一体どんなものでしょうか？

鉱物は、ある特定の化学組成を持ち、特有の物理的性質を持っています。鉱物は化学式によって表すことができ、鉱物が特定の化学組成を持っていることにより、鉱物の識別が可能で鑑別することができるのです。

主に色・結晶形・晶癖・劈開《へきかい》・破面・硬度・光沢・比重・条痕などという特性をテストし、鉱物の鑑別をします。

その特性として結晶質の固体であること。鉱物が私達の目に見える形になるには結晶化が必要です。それは一つの姿になることや大きさやビジュアルや成長を指します。

結晶化とは1．核形成と、2．結晶成長という段階から成り立ちます。

1. 核形成は、溶液に分散している分子が集まって集団を作る段階です。極微小な範囲で濃度の増加が起こって集団が安定する条件が整うと、この段階が始まります。その集団化が結晶の核となりますが（不安定な場合は解離）、安定した核になるには温度、過飽和、不純物の条件があります。

この段階で規則的、周期的に原子が配列されている結晶構造ができます。これは原子の配列の様子で人間と同様に見た目の形ではありません。

2. 結晶成長は、でき上がった核が成長する段階で、濃度の過飽和状態が続く限り成長を続けます。過飽和状態は結晶化の駆動力になるので核形成と結晶成長の速さは、溶液の過飽和度が高いほど加速して、条件によって大きさや形の違う結晶体ができます。過飽和状態がなくなると結晶化は終わります。

この後、条件が変化して再び溶液が過飽和状態になり、母体と判断した元の結晶体に再結晶化を始めると、その痕跡が、水晶の中に山型に見てとれるファントムや、折れた水晶の面に新たに結晶が生えたセルフフィールドと呼ばれるものになります。

結晶構造とはズバリ結晶中の原子の並び方ということです。目には見えないけれど、中に建築物のような構造体があるイメージです。

◎天然ガラス

パワーストーンの中に、天然ガラスという部類に入るものがあります。

モルダバイドやリビアングラスです。この2つは、古代巨大隕石が地球に落下した際に、地球上の物質を巻き上げ、燃える隕石の元素と結合し、冷えて奇跡的に美しいガラス状の塊となったものです。鉱物が結晶体であるのに対し、天然ガラスは中に結晶構造を持たない非結晶体です。

鉱物は時間をかけて育った物なので構造体があり、天然ガラスは冷えて固まった物なのでガラス同様構造体を持たない物です。分析上、自然界で偶然的に作られた美しい天然ガラスとして認識されているのは、この2つだけになります。

◎化石

パワーストーンと呼ばれるものの中には、自然物が化石化した物もあります。主に珪化木《けいかぼく》やアンバーです。珪化木は古代の巨木が奇跡的に化石化したものですが、パワーストーンとしても扱われます。また、アンバー（琥珀）も樹液が長い年月をかけて固まり化石化した物ですが、パワーストーンとしても扱われます。

◎シェル、真珠

シェル（貝殻）は組織を持った生体鉱物です。真珠もミネラルから構成された貝殻の中で形成された物ですが、パワーストーンとして扱われることがあります。

◎新しい鉱物を発見したら届け出が必要

新しい鉱物を発見したら、ＩＭＡ（国際鉱物学連合、International Mineralogical Association の略）という国際機関に届け出ることが義務付けられています。なぜなら鉱物は地球の歴史や未来を探るための最重要物とされているからです。届け出を受けると工科大学や大学の鉱物学研究所に持ち込まれ、成分や再生力のある微生物がいないかなどの検査が行われた後、流通の許可がおります。

直近で新鉱物と認定された鉱物は、２０１６年のユーパーライト（アメリカ・ミシガン州）でしたが、２０２１年、国立研究開発法人海洋研究開発機構、高知コア研究所の富岡尚敬主任研究員を中心とする研究グループは、隕石中に発見したカンラン石の化学組成を持つ高圧相を新鉱物「ポワリエライト」と命名し、この度、国際鉱物学連合により正式に新鉱物として認定を受けました。

鉱物でも天然ガラスでも、すごい石が発見された、ここでしか購入できないなどという話がスピリチュアル系の石の扱いの中で度々登場します。しかし、巷に出てくる様々な名前の石には呼称も多く、鉱物的には、既に存在を認識されている鉱物に、壮大なストーリーをつけた石が高く販売されているといったことも度々です。

◎豊かな自然鉱物の色彩

鉱物には実に様々な色がありますが、鉱物の色はその土地を反映しています。私達が地面と呼ぶそのもの自体が視覚化されたミネラルの集合体であり、地中の中に鉱物を作り出す元素が存在しています。この元素により鉱物の色が決定されます。

例えば、赤色系の石や含有物には、赤色構成物の鉄やマンガンなどが含まれています。マンガンが含まれるとピンク色になり、鉄が加わると赤や茶系の色になります。

また、青色系の石には青色構成物の銅、ストロンチウムなどが含まれています。その配合により微妙な色彩の差が生まれます。絵の具で色水を作るのをイメージするとわかりやすいですね。均等で美しく光る色彩の鉱物が地中でできるのは、様々な条件が重なった奇跡といえます。

鉱物が土地の色を反映している面白い話があります。以前、アフリカに自社鉱山を持つ宝石会社にお邪魔していた時のことです。現地からの電話を受けた社長が、「赤い石が出るぞ！」とうれしそうにいいました。

現地の鉱山では、昔から鉱脈（鉱物がたくさん存在する場所）を探し当てている時に、赤いサソリが出ると、その先に赤い石が出て、青いサソリが出ると青い石が出るというのが通説になっているそうで、その電話は現地で赤いサソリが出たという電話だったのです。

この話からもわかるように、一つの庭（地面）から赤や黄色や緑や青……といった具合に色とりどりの単独鉱物が発見されるということはありません。一つの土地から様々な色の鉱物や天然ガラスは採れないということです。

CRYSTAL
EMERALD
SODALITE
HEMATITE
ROSE QUARTZ
CALCITE
DIOPSIDE
BLACK
OBSIDIAN
RED JASPER
FUCHSITE
WHITE

第5章

天然石が補完代替医療となるプロセス

◆石の補完代替医療となりうる根拠とエネルギー

石が補完代替医療として取り入れられる根底には、万物、この世に存在する自然物は全て振動しており、共鳴共振しながら互いに影響し合い存在している、という物理の基本概念があります。

自然物はそれぞれ固有の周波数（振動指数）を持って振動するエネルギーであり、周波数は同類の固有周波と引き合うという性質があります。この周波数の波型には動きや大きさがあるので、波動やバイブレーションとも呼ばれます。医学的にも脳波や心電図などが波形で表されているように、人間は全て振動するエネルギーで生成されているのです。ちなみに、音や光も波動を持っています。そして、私達の肉体や感情や思考も振動する波動（エネルギー）なのです。

では、石の効果効能を信頼して、自分の調子の良い状態を保つため、または取り戻すために、石を取り入れていこうと思った時、なぜ天然石が私達に効果を発揮できるのか？

その仕組みを説明する最初の段階で、石のバイブレーションとは何か？　どんな仕組みなのか？　私達のバイブレーションとは、何処からどんな風に生まれて、どんな仕組みを持っているのか？　それら双方が関係性を持つ時や、その時にどんなことが起きていて、私達にどんな影響力を持ってヒーリングを体感させるのか？　ということをきちんと知っていなければ事実は説明できません。

それらを科学的に説明できるのが量子の世界で起こるバイブレーションや波の法則です。

しかし、一方でこういった理論を知らない時代から、日本には、気が合う、気が向く、波長が合う、波長が合わない、波長がズレる、などといった人間が自然に感じる個々の波動との関わりを表現する言葉があります。科学で分析されなくても、人は自然にそれを感じてきたのです。

古来から、音楽で気分が変わる、石で状態に変化が起こることを体感として理解していました。つまり、科学的な理論は後からついてきたわけです。

◆波動（バイブレーション）とは？

これまで石の効果効能について、波動という言葉やバイブレーションという言葉で表してきましたが、波動とは人だけでなく、場所や物に対してもよく使われます。

その際に「良い波動、悪い波動、高い波動、低い波動」といった表現も多く聞かれます。一般的に「良い波動＝高い波動」「悪い波動＝低い波動」と思っている人が多いかもしれませんが、まずその段階で、高い波動は周波数が低く、低い波動は周波数が高い、ということを知っていなければ根本的なイメージに間違いが起こります。ここを勘違いし、高い波動は周波数が高く、低い波動は周波数が低いと思っている人も多いようです。

高い波動は一分間に起こる波の数（周波数Hz）が少なく、ゆったりとした大きな波で、低い波動は一分間に起こる波の数（周波数Hz）が多く、活発に波が起きています。「高い波動＝周波数が低い」「低い波動＝周波数が高い」という図式になります。

また、高い低いだけで良し悪しは決められません。例えば、仕事や勉強やスポーツに打ち込む時や、集中力が必要な時、モチベーションを上げて行く時には、ある程度周波数を高くしなければ、ぼうっとして集中力に欠けます。しかし、それもある一定の周波数より高くなるとストレスになります。

しかし、それを超えた、もっと周波数の高いガンマ波と呼ばれる領域に達すると、深い瞑想状態に入ります。反対に、周波数が低くなるほど顕在意識から遠のき、ゆったりとした気分になります。

この状態は、肉体的にも精神的にも安らいだ状態ですが、集中力や瞬発力、記憶力や行動力には欠けてしまいます。

◆波動が高い人と低い人

人間の性質にたとえていうなら、高い周波数の人は、明るくいつも元気で快活である。あの人といると元気になる！　パワーをもらえる！　といった人です。

低い周波数の人は、物静かで穏やかで落ち着いている、あの人といると落ち着く、リラックスできる、といった人です。

一方で、あの人といるといつもガチャガチャした気持ちになり落ち着かない、疲れる、あの人といるとこっちまで暗くなる、重たくなる、などという人もいます。

この両者の違いは、高いから、低いからではなく、波動の問題はノイズにあると考えるとスッキリします。
私達の意識が動いている時、脳は電気回路を使って情報を伝達しています。その情報を上手く使いこなしている時は、波の状態は良いバランスを保っていますが、情報量が多くなるほど、その処理能力はバランスを崩しやすくなります。つまり、情報量を的確にスムーズに処理できない状態です。このような状態の時は、機械的な電気回路と同じように、私達の波動にもノイズが発生します。ラジオやステレオで音楽を聴く時を思い出してください。どんなに大好きな音楽や素晴らしい音楽も、ノイズが多いと耳障りになってしまいます。

石には陰陽性質があり、陽性質の石は周波数が高く、感情や肉体機能を高めるのが得意で、陰性質の石は周波数が低く、鎮静が得意です。石の波動は、一つの分子から成り立ちシンプルでノイズのないものなので、淡々と働きかけてきます。一方、私達は、思考や視覚、言葉など、常に外的なエネルギーと干渉し合い、ノイズが発生しては消えるという複雑さを持っています。

その他、私達の波動は、上がったり下がったりを短い周期で繰り返しており、乱高下する波動は自律神経に多大なストレスを与え、瞬間的に激しい乱高下があると過呼吸や心臓発作などに至ることがあります。微弱な波動は、実際の病気や心の疲労により見ることができます。

◆身近にある波動エネルギー～音楽

これら私達の様々なシーンにおける波動変化は、既に数十年前にドイツの物理学者フリッツ・アルベルト・ホップらが研究し、近年、NASAのトーマス・グッドウィンら科学者チームにより、さらにウェルネス医学への研究の基本概念となっています。

石を持つ時やヒーリングに用いる時、このノイズが取り払われたり、波動が安定に導かれるイメージを持つと、天然石が効いていくビジョンを受け取りやすいです。実際に、この説明を受けた人と、説明を受けていない人では、心身の改善への効果の感じ方に違いがありました。

この「波動（振動するエネルギー）は同類の固有周波と引き合う性質がある」という概念に基づき、天然石と人間の固有の振動するエネルギーの関わり方を利用しているのが、イギリスやドイツ、オランダで位置付けを確立しているクリスタルヒーリングです。これは、音楽療法でいわれるアイソ原理と同じイメージを持つとわかりやすいと思います。

アイソ原理とは、人間は自身の波動のアンバランスを音の波動と共鳴共振することで、補ったり鎮めたりすることができ、それによりリラックスや安定が生まれ、バランスを取り戻すというものです。音楽でリラックスしたり、テンションが上がったり、切なくなったりといった感覚は、ほとんどの方が経験したことがあると思います。これは音の波長の影響で私達に変化が起きたということです。

◆共鳴共振の原理とは何か

共鳴共振の原理については、高校物理に登場しています。振り子の実験を覚えている方もいらっしゃるかもしれませんが、同じ一つのバーに様々な長さの振り子を吊るして振り子Aを振動させると、それと同じ長さの振り子Cも、触ってないにも関わらず徐々に振動を始め、違う長さの振り子は振動しないというものです。振り子は糸の長さで固有振動数が決まるので、振り子Aと振り子Cは固有振動数が同じだったということです。

このように、個々の物体が持つ固有振動数と同じ振動数の揺れを外から加えると物体が振動を始める現象が共振です。

また、テーブルの上に、100Hzの固有振動数を持つ物体Aと、110Hzの固有振動数を持つ物体Bと、120Hzの固有振動数を持つ物体Cを置き、テーブルの脚に110Hzの振動を与えると、物体Bだけが振動を始めるという超能力ショーのような現象が起こります。

これも共振です（わかりやすい高校物理より引用）。

共鳴原理については音叉《おんさ》の実験がわかりやすいです。

同じ固有振動数を持つ共鳴箱付き音叉を2つ用意して、片方を鳴らします。すると、もう片方も鳴り始めます。叩かれた音叉が下の共鳴箱を揺らし、空気を伝わって隣の共鳴箱を揺らし、上の音叉を揺らして鳴らします。

「固有振動数が違う音叉同士では共鳴は起こらない」というものです（わかりやすい高

校物理より引用)。

誰かの言葉が心に響いた時や、感動した時に、共鳴したとか、震えた！　などといいますが、それは実際に私達の波動が物理的に動かされたということなのです。

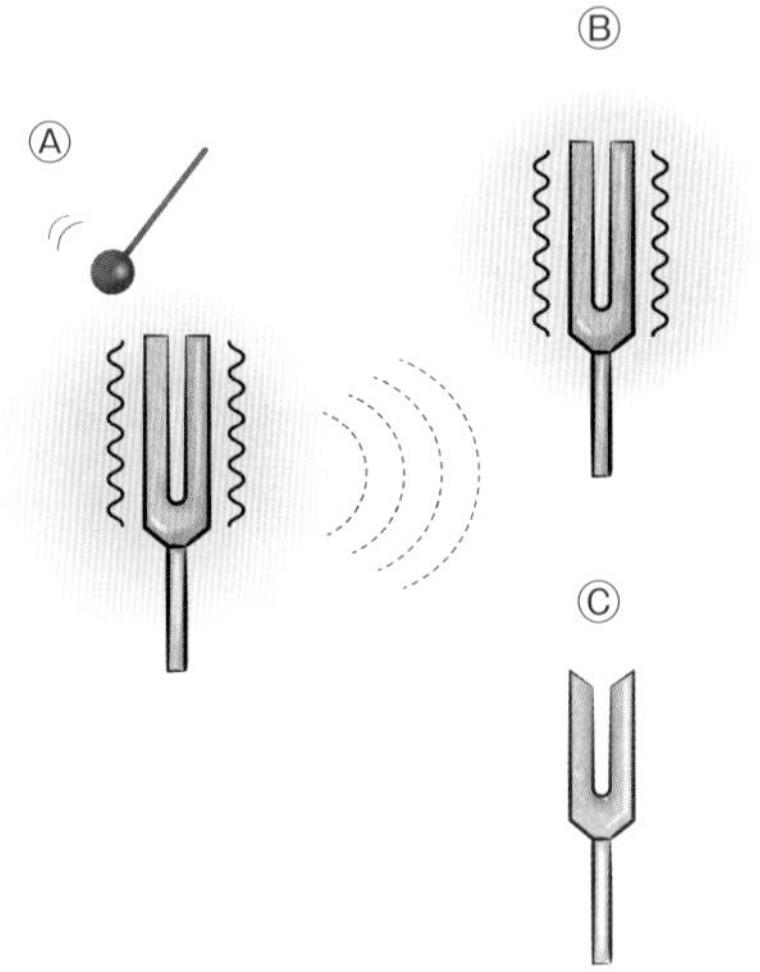

●違う固有振動を持つⒸは反応せず、同じ固有振動を持つⒷの音叉が共鳴する

◆干渉波の法則

波に違う種類の波を干渉させると、新しい形の波（新しい状態）が生まれるという法則の一つです。

これまで、ヒーリングの世界では共振原理だけに注目していましたが、それだけでは、天然石を用いることで度々起こる違和感や拒否感、時に感情や肉体に痛みを伴う様々な変化（効果効能）を、納得いくように説明しきれない部分がありました。しかし、この法則に当てはめてみると全てが腑に落ちます。

物理学における波の干渉の原理では、効果効能はコヒーレント（相関性が高い）な波元から出た波や、近い周波数を持っている時に顕著に表れます。「顕著に表れる」というのは、比較的スムーズに表れると捉えてください。これは共振性に一致します。

反対に全く違う性質の波を干渉させると、その違いが大きいほど、新たな波ができるまでに起きる波の動きは激しくなります。

これは後の章で出てくる、特定の石を持つと眠れなくなる、苦しくなるといった状態に通じます。つまり、自分の中の波に、全く違う性質の波が干渉してきたことで、激しい波の動きが起こり安定性が崩れ始め、やがて落ち着いた新たな波（状態）が生まれます。

物理的な〈波の重ね合わせの原理〉では、波の山と山、谷と谷が重なった時、振幅は大きくなり、逆相違（逆の性質）する波が重なると互いに弱め合い、振幅は小さくなります。波を重ねた時に、振幅が大きくなる部分を「腹」といい、振幅が小さくなる部分を「節」といいます。このように波が重なり合って互いの波を強めたり、弱めたりするのが、波の重ね合わせの原理です。

ドイツのノーベル物理学賞学者、マックス・プランクは、「人間を含めた全ての物質は固有の周波数を持ち、振動している。全てのものは、振動で構成されたエネルギーでしかなく、人間の個々の存在は振動であり、目に見えている個々の姿は、その影響である。すなわち、私達は振動する波でできていて、その波の影響が個性的な個々の姿を創っている」といっています。

このことにより私達、人間を含め全てのものは複合してできた一つの波のエネルギーと考えられ、天然石も一つの波のエネルギーと考えられます。天然石の効果効能において、同じ石でも人によって過剰に働くことがあるのは、私達がその時に持っている個々の波の山と天然石の波の山、または谷と谷の大きさが違うため、波が重なった時に、人により振幅が大きくなりすぎて、アンバランスな状態の新しい波ができてしまったと考えられます。

良い効果を感じる石においては、コヒーレントな関係性にあり、穏やかに変化しながら新たな良い状態の波を創った共振性による効果といえます。また、時に苦痛を伴うような激しい変化を感じる場合は、大きく性質の違う石の波の干渉を受け、大きな揺れを感じながらも、最終的にこれまでになかった新たな良い波を創った、と考えると腑に落ちます。

天然石の効果効能を用いて、私達の状態を良いほうに改善していく上で、一時的な要因で元気がなくなっている、または不安定な状態を改善するならば、共振性のある石が穏やかなアプローチでスムーズに効果を表します。しかし、これまでにでき上がってしまった

思考パターン（思い癖）があったり、根本的な性質を変えたい、大きな変化を起こしたいと思っている場合には、共振効果を期待するよりも、相違する波の干渉の法則により、波がぶつかり合いながら、新たな良い波の状態ができ上がっていく効果を期待したほうが良いかもしれません。

クリスタルヒーリングや天然石を身に着けることで、大きな良い変化変容を感じる人達は大勢います。その多くの人が、天然石に出会う前の自分と今では全く違うと実感しています。

また、この波の干渉の法則は、私達が普段生活している部屋や場所に、天然石を置いた時の効果に対してもイメージしやすいです。例えば、陰気で暗い部屋にアメジストを置いたら、その場の陰気さが消えた。不穏な空気が流れる場に、水晶のクラスターを置いたら調和が生まれた、などといった例です。

ある一定の状態の空間の波に、違う波を持った天然石の波を干渉されたことにより、それまでの既存空間の波が新しい波に変化し居心地が良くなった、と考えるとわかりやすいです。

◆石は振動している

音楽はスピーカーが振動する様子をビジュアライズされることが多いので、イメージしやすいと思いますが、石が振動しているといわれてもイメージしづらい方が多いと思います。ですが、石は実際に振動しています。

一番わかりやすい方法は氷の実験で、最初、溶けていない状態の氷を手の平に乗せてみます。人間の体温は平均で約36度少しありますが、そんな簡単に氷が溶けることはありません。このスピード感を覚えておきます。

次にわかりやすく、熱伝導率（外部からのエネルギーにより、分子や原子などの粒子の振動が大きくなり、その振動が隣の粒子に伝わることで起こる熱の伝わり方）の高い水晶に、同じく溶けていない氷を乗せます。するとあっという間に、ポタポタと水滴を垂らし氷は溶けていきます。

平らな水晶に置けば、氷はスケートリンクをくるくる回るように揺れながら溶けていきますし、尖りのあるクラスターに置けば、先端から溶けて穴が開いていきます。身近にある水晶ブレスレットに置けば、数珠の形通り丸く溶けて穴が空いていきます。

この実験は、いつも私のストーンクラスの最初の授業で行いますが、皆さんからすごいと感嘆の声が上がります。そして、実験の後の水晶は氷のように冷たくなっています。

ここで思い出してもらいたいのが、鉱物は電子配列を持った結晶体であることです。ガラスのように透明で美しい水晶に氷を入れたなら、あっという間に氷は溶けてしまいますが、透明なガラスのコップに氷を入れても、簡単に氷が溶けてしまうことはありません。

これは、ガラスは見た目そのままの透明な単なる物体であることを示します。一方水晶は、一見透明に見えても、その中に建設的な分子や電子の構造を持ち、単独の原子や分子、クラスター表面などでの各原子も外部エネルギーと関わり振動し、運動するエネルギーを持っているということです。

もちろん、鉱物であれば水晶以外の石でも氷が溶けていきます。

私達にとって石は、動かずそこにいる存在のように見えますが、実は個々が運動するエネルギー体であるということです。

第6章

天然石のヒーリングプロセス

◆鉱物のヒーリングプロセス

様々な石を用いると心身のバランスが取れる、元気になる、もっと先には幸運が訪れたり、金運が上がる、恋愛が成就する、といったことがなぜ起こるのか？

ここで、理解して頂きたいのが、水晶とその他の鉱物（天然石）ではヒーリングプロセスが異なるということ。水晶とその他の鉱物、としてざっくり分けて捉え、説明します。

まず、その他の鉱物（天然石）の効果は人間の波動と共振する作用によるものと考えます。地球上では、１０３種類の元素の様々な組み合わせで多数の鉱物ができています。それぞれの鉱物の典型的な結晶は、いくつかの平面で囲まれて幾何学的に整った形をしていることで、面は平らで面と面の間は稜（直線）でつながっています。結晶の中では原子が規則正しく配列し、この配列の結果、鉱物は幾何学的な外形をしています。

これは自然物としては大変珍しいことで、これらの構造は外見からでは結晶として見え

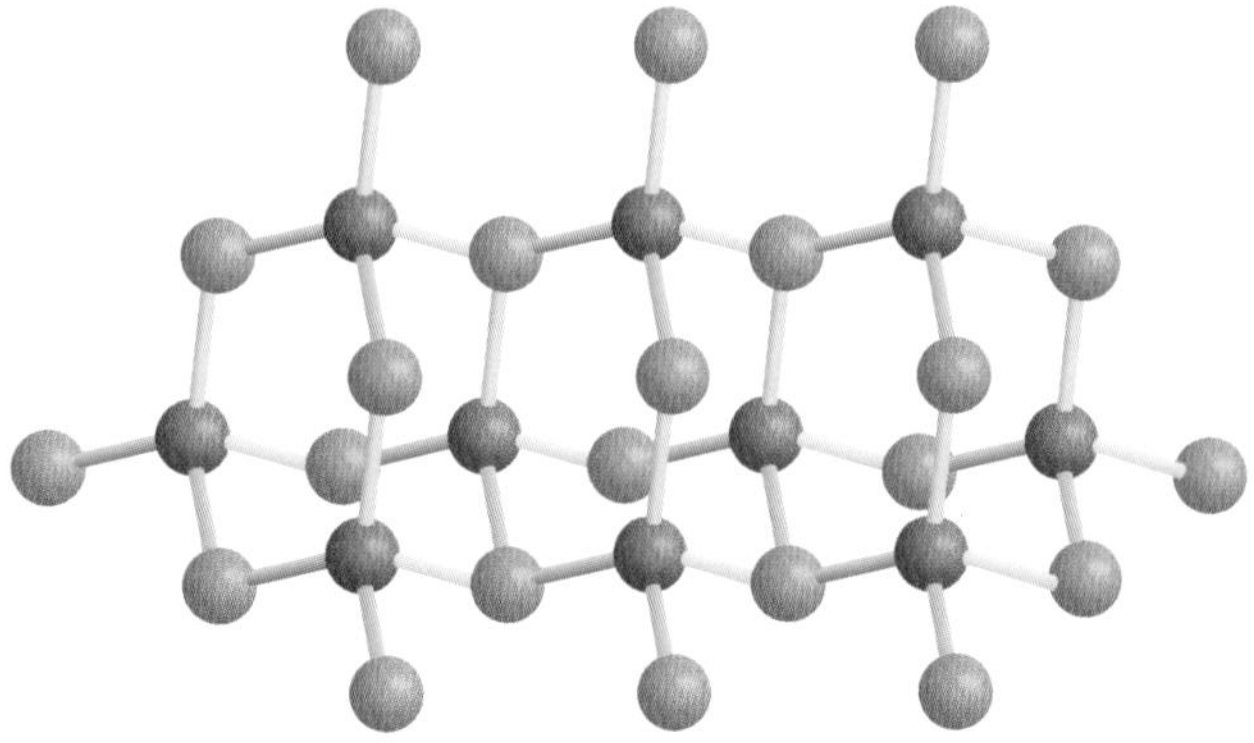

●鉱物は幾何学的な原子配列をしている

ませんが、X線解析によって明らかとなり、自然科学や工学にとって非常に重要であり、結晶学はこれらの基礎として不可欠の学問です。

その結晶を形づくる一つ一つの部屋は格子と呼ばれ、原子運動が行われ、固有の波動を持っています。様々な組み合わせでできている鉱物ですが、個々の鉱物は一つの分子からできていて、決まったバイブレーションを持つ、とてもシンプルな存在です。

一方、人間のバイブレーションは、複数が折り重なっていて非常に複雑です。人間は、水素60％、酸素25％、炭素10％、窒素2％、残り29種類の元素と元素が組み合わされた無数の分子でできています。

さらに、元素や無数の分子、加えて意識や感情の波という、無数の波動が折り重なった非常に複雑なバイブレーション体であり、未だ科学的解析ができていない生命体です。

「私達が持つ、この複雑な何かしらの波動と鉱物固有のシンプルな波動が上手く共振することで、弱った波動を上げたり、鎮めたりする。その結果、感情が落ち着いたり、ポジティブな思考を取り戻せたり、肉体面の不調が改善されるといった事象が起こる」

それが、鉱物と人間の間で起こるヒーリングのプロセスといえ、これは先に述べた、ドイツが確立した振動医学に共通する概念を見ることができます。

そして、現在、NASAや米国国立衛生研究所が、このプロセスを科学的に研究しており、解析を進めています。それほど、鉱物のヒーリング効果は世界中で認められているのです。

◆水晶（ロッククリスタル）のヒーリングプロセス

一方、水晶（鑑別：ロッククリスタル）のプロセスは特別です。

水晶は、その他の鉱物と同じく、共振効果による干渉はもちろんのこと、水晶だけが持つ、科学で立証された特別な性質を持っています。

この性質を知る時に気をつけなければならないのは、水晶と石英（二酸化ケイ素で構成された鉱物）は構成物（素材）は同じですが、その役割に違いがあることです。意外とごちゃ混ぜになっている方が多いかもしれません。

水晶（鑑別：ロッククリスタル）は、石英が六角柱を形成した構造結晶を持つもので、どんなに小さな結晶でも、必ず6つの側面を持ち頂点があります。時々、天然水晶の尖り屋根に六角柱の自然の造形美を、人工的な彫刻だと思っている方がいらっしゃいますが、

あの造形美はナチュラルなものです。ただ、溶錬水晶や硝子で造られたものは人工的に形づくられています。また、天然水晶の表面をポリッシュしたり、カッティングによる形成をすることもあります。

この天然水晶だけが持つ代表的な効能とは、水晶の構造である、一つ一つの結晶格子のフォノンが、外部からの振動（波動）と干渉し合った時、全てのバイブレーションが正しいリズムを刻む、異常光を元の正しい状態に戻す、記憶した電子信号を正常に保つ、線やバイブレーションを除去するというものです。

水晶の運動性質は人間だけでなく、様々なものに利用されています。クオーツ時計やデジタルカメラの高画質性能化として製品化されており、宇宙一、波動や信号を安定させる仕組みは、パソコン、スマートフォン、コンピューター、人工知能などの電子機器においてなくてはならない存在として、水晶デバイスという形で全ての最先端機器に埋め込まれて

ています。国内では京セラを始め、エプソンや東芝といった多くのメーカーが、高品質の水晶デバイス開発に力を注いでいます。

多くの電波や干渉波が飛び交う地球で、身近なスマートフォンやナビ、パソコンといった精密機器の性能を保つ要となっているのが水晶なのです。水晶は〝産業の塩〟といわれ、現代産業や科学にとってなくてはならない存在です。

また、水晶デバイスは世界中の最先端科学を探求する各メーカーが人工的に養殖していますが、その方法は六角柱の天然水晶と同じ物を一度結晶させてからカットするという物で、全ては46億年間、変わらぬ完全体といわれるこの構造の中にその秘密が存在しているからなのです。

46億年間変わらずに存在するということは、地球生態の変化の中で、進化も退化も絶滅もする必要のない、完全体であるともいえるでしょう。

古来から人々は、水晶を浄化の石といってきましたが、不都合な波長を取り除いたり、乱れたリズムを元に戻したりする性質を実際に持っていたのです。また、この運動能力は人工的に科学的な力を加えない限り、永久に変わらないものです。

そういった物質的な視点で水晶を語る限りでは、身に着けている水晶のエネルギーがなくなる、邪気が溜まるといったことは皆無なのです。

万が一、そのようなことが物質的に起こるとしたら、現代文明の説明がつかなくなってしまうでしょう。

◆水晶はオーケストラの指揮者!?

この水晶と、その他の鉱物のヒーリングのプロセスを、オーケストラにたとえて解説してみます。

私達個々の存在は、肉体を構成する複数の分子と、感情、意識といった複雑なバイブレーションで構成されている微細で繊細な協奏曲のような存在で、それは、たくさんの種類の楽器が一つの音楽を作り出すオーケストラに似ています。

それぞれの楽器のバイブレーションが、互いに絶妙に折り重なっていれば、調子が良く、心地の良い音楽を奏でます。しかし、一つの楽器の調子が狂い出し、そのまま放置していると、他の楽器も徐々に調子が狂い出し、やがて不協和音となります。

素晴らしい指揮者は瞬時にそのズレを察知し、修正することができます。数十分にわたる協奏曲を、最後まで演奏し、人々の心を打つ感動的な音楽を奏でるには、素晴らしい指揮者があってこそです。

私達の状態もまさにそれと同じで、いち早く微細な不調に気づき修正することができれば、自分自身も周りにいる人も心地良く、調和したリズムの良い状態でいることができます。一方で、調子のズレを放置していると、アンバランスになり、ストレスが生じて、やがては肉体レベルに影響を及ぼしてきます。

目の前のことに忙しく、限界まで頑張ってしまう現代人においては、この肉体レベルまできて、初めて不調に気づくことが多いのではないかと思います。こんな時、水晶はオーケストラの指揮者のように、瞬時に私達の中で生まれる、バイブレーションの微細なズレや不具合を正常なリズムや振動に戻すように調整をしてくれるのです。

水晶は電子機器のみならず、私達の肉体にも同じように働きかけます。これは水晶だけのヒーリングで、どのような変化や効果が表れるかをくり返しモニタリングすることにより、確信的なものになりました。

水晶を、クリスタルヒーリングにおける肉体と水晶の計算された共有バイブレーションの範囲に配置すると、水晶電子のバイブレーションは、瞬時に元の正しいリズムや正常なバイブレーションに戻すという働きを始めます。5分ほどはムズムズする、チクチクする、ピクピクする、痺れる、重くなる、などの感覚が起きては消える方が多く、10分程度で感情面に変化を感じる方も出てきます。

◆ヒーリングワーク効果の症例

モニタリングを受けた受講生の中には、「自分はこういったバイブレーション的なものを感じないので心配です」とおっしゃる方も多いのですが、これまで何も感じなかった方はいません。

また、テクニックを取得した方からは、むしろヒーリングやエネルギーワークの知識や体験のない家族やお子さんなどからのフィードバックが多いのが特徴です。ここで実例を簡単に紹介しましょう。

・ヨガに通っているお母様がこのヒーリングを受けたら、これまでできなかった猫のポーズができるようになった。

・サッカー部の息子さんが、このヒーリングを受けると怪我をした部分が痛みだし、この部位のヒーリングを集中的に行っていたら、運動中の痛みが出なくなった。

この事例は12本の水晶を使ったヒーリング実習中にも度々見られます。古傷が痛みだし、その後、痛みが引いて出なくなるというものです。医者ではないので絶対とはいえませんが、これは怪我や痛みの部位の振動バランスが崩れている、もしくは乱れている、といった部位に対し、水晶が元の正しい振動バランスに戻そうとするために働き、アンバランスな部位の振動を調整する際に痛みが出て、調整が終わると痛みが引くのではないかと思っています。

・リウマチ疾患を持っている叔母様が、このヒーリングを受けると全身が温かくなり痛みが緩和したので続けている。

・慢性的なストレス性胃炎で毎日薬を飲んでいたご主人が、翌日から状態が良くなり、1週間ほどで全く胃痛を感じなくなった。その途中経過で、「感情面が穏やかでイライラしない。明らかにストレスを感じなくなっている」という感想があった。

・2歳の子どものお昼寝時にヒーリングをすると癇癪を起こさず、ご飯もたくさん食べ、ニコニコと穏やかでいる。あまりに顕著に表れるので、試しにやらない日とやる日を比べてみたら、確実にヒーリングをした日は穏やかであった。

・不眠症だったのにコテっと寝てしまう。

・何度もトイレに行きたくなり浮腫が取れる。

症例を挙げるだけで本が一冊書けるほどの喜びのフィードバックを頂いています。この他にも、具体的で肉体的な病気や心療レベルでの報告も頂いていますが、センシティブな領域なので、ここでは控えたいと思います。

これらの事例からも、私達を構成する複数の分子と、感情、意識といった複雑なバイブレーションが、水晶の持つ科学的に証明されたフォノン（※前出P36）運動によって、瞬時に微細なズレや不具合を正常なリズムや振動に戻すように働き、元気（元の気）を取り戻していると考えられます。

また、このヒーリングでは、方向性を持つ水晶の特性を使い、解放やヒーリングに導くことで、バイブレーションのスムーズな調整を行っています。原始的なセオリーと技術ですが、水晶は過剰なことを一切しない、永遠に淡々とバランスだけを保ち、取り戻すことをする存在です。

これらのことから、天然石がヒーリングを起こすプロセスをオーケストラにたとえると、

水晶…優秀な指揮者

他鉱物…それぞれの楽器チューナー

といったイメージを持つとわかりやすいと思います。

第7章

自然のエネルギーを味方にする

◆自分にとってのパワーストーン

鉱物を使って、私達の心身のバランスを魔法のようにコントロールしながら生活する。信じ難いかもしれませんが、きちんとした学習と訓練で、ある程度可能になります。学習や訓練をしなくても、ちょっとした意識改革で単発的に使うこともできます。ただ、鉱物を自分にとってのパワーストーンにしていくには、いくつか知っておいて頂きたいことがあります。

この根底にある、万物全ては共鳴共振しているという基本概念と、共振の際の起振、励振、固有振動、自由振動、応力振動、破壊振動、正弦波、ランダム波、といった様々な振動や波長や事象のメカニズムを念頭に、私達の実際の生活に置き換えて説明したいと思います。

◆意識を向ける

鉱物が私達の心身のバイブレーションと共振することで、効果を発揮するのを客観的にイメージしてください。昔、携帯電話の時代、電波の悪い所でアンテナを伸ばした経験があると思いますが、それと同じです。互いの固有バイブレーションは共振する相手を探しています。

石をアクセサリーで身に着けている時は、漠然と「なぜこの石を着けているのか？」「何の目的で着けているのか？」といったことを潜在意識の中に置いておくと良いでしょう。人間の意識と肉体の全ては繋がっています。ハッとした瞬間にドキドキする、緊張で手が震える、焦って汗が出る、といったように意識で身体は瞬時に変化します。この時に、身体のバイブレーションも瞬時に変化しています。

これくらい簡単に身体のバイブレーションは意識で変化してしまいます。いくら目的に合わせて石を身に着けても、反する感情や意識がうごめいていると、波動は安定せず、ランダムな波になり、共振相手を見つけ増幅しようとするバイブレーションを阻害する行為となってしまい、なかなか効果が表れません。

逆に意識を自分に向けて内省しながら身に着けていると、効果を早く感じられます。

水晶も他の鉱物も、何事にも動じず淡々と働きかけています。それを受け取る側が「でも」「だけど」「やっぱり」などといった否定的な思考のエネルギーを外すことが大切なのです。

◆自分に合った石を選ぶ

自分に合った石とは何なのか。ときどき「私には○○という石が合うといわれました」といった話を聞きますが、どういう理由で合うっていわれたの？　と聞くとよくわからない、と答える方が多いのです。

自分に合う石とは大きく3つに分けられます。

1・自分の良くない部分を改善して良い方向に導いてくれる石
2・自分のバイブレーションに似ている石
3・自分の潜在的、または無意識下に持っている良いバイブレーションを活性化してくれる石

それぞれを説明しましょう。

1・自分の良くない部分を改善して良い方向に導いてくれる石

自分の良くない部分を改善してくれる石は、ある意味自分の良くない部分と向き合ったり、不得意な部分と向き合う作業になったりします。

例えば、ローズクオーツという石。ピンク色のとても可愛いらしい石で、愛の石ともいわれ、多くの女性達から人気のある石ですが、一方で可愛いとは思うけど、どうしても手が伸びない。この石だけは身に着ける気になれない、といった人も多い石です。その理由として、自分には似合わない、ピンクという柄じゃない、自分のイメージじゃないから気恥ずかしい、といった意見が多数です。「では、ローズクオーツにどんなイメージを持っていますか?」と聞くと「可愛い女性、愛されて幸せなイメージ、ハッピーオーラ満載な感じ、愛されることを切望している感じ」といった意見が多く出てきます。「自分にはそういうイメージはない?」と聞くと、皆さん一様に「ないです」という答えが返ってきます。私から見たら全くそんなことはなく、充分魅力的な可愛らしい女性でも、自分に対してそのような意識を持っている人が多いのです。

ですが、その中でも、いつもなら絶対に選ばないけれど、この石がすごく気になる、必要な気がする、という方がいます。そういう方には、ローズクオーツは自己肯定感を取り戻し、自分に愛のある選択をしていくようにと働きかけていく石で、思い込みの自己否定や、他者優先の犠牲心を取り払い、そのままでも、自分には愛される価値があるという愛の基本の石だと伝えています。

自分への否定的な思い込みの波動と、自分に対し愛のある肯定的な波動には大きなギャップがあり、その波の差を埋めていく時に、これまで否定的な波動で落ち着いていた波が大きく動き、一時的にバランスが崩れる感覚が訪れることがありますが、それを越えると大きな良い変化を感じますよ、とお伝えしています。

なぜポジティブにお伝えするかというと、「絶対に選ばない」といった時点で、強く意識しているから。人は良くも悪くも、意識(波動)の向かない物には興味さえ持たないものです。「選ばない」と悪いほうへ向いていた意識が、歩み寄ろうという意識に変わったのですからチャンスです。

ここまでお伝えした上で大概は、「ちょっと怖いけど持ってみます！」「この石でヒーリングしてみます！」「きっとこの部分と向き合うタイミングなのだと思います」など考え方が前向きになる人がほとんどです。

実際に天然石を持ち帰った方の例として、自己改革の決心で、ローズクオーツを抱いて寝てみたら、数日は苦しく辛い感覚が強くて眠れず、ついには吐いてしまったというのです。ところが、そこまで来たら、「何かがすっと抜けてすごく楽になった。自分が愛おしく感じられた」そうです。

その後の彼女を見続けていますが、初めて会った頃と比べ、明らかに強くしなやかに、そして自己を信頼した生き方に変化をしています。そして彼女自身にもその自覚があります。

また、ある男性は、1年間のクラスで一番印象に残ったクリスタルは？　の質問に対して、ローズクォーツだといいました。男性がこの石に惹かれるのは珍しいので、なぜ？と聞くと「ローズクォーツを胸に当てると苦しくなる」のだそうです。毎回苦しくなるので「あー効いてるんだなと思う」という答えが返って来ました。ちょっと面白い感想ですが、「でも苦しいから使いたくないのでは？」と聞くと、「使っていきたいと思う」とのことでした。

ローズクォーツは、流通量も多くポピュラーな石で、少し希少性が低くなっている感じもありますが、とても働きかけが強く良い石です。このように、自分の良くない部分を改善に導く石は、時に辛さを伴った働きかけをすることがあります。

2・自分のバイブレーションに似ている石

次に、自分に似ている石です。これは、自分のバイブレーションに非常に近いバイブレーションを持っているので、居心地が良く共感性があります。そのため違和感がなく、落ち着く、安らぐといった感覚を持ちます。ただ、共振性は振動の増幅なので過剰になることもあります。ブランコを漕いだ時のことを思い出してください。一定のリズムと力で揺らしていても、ブランコはどんどん加速し揺れを大きくしていきます。それを止めずにいると、ブランコのスイングはやがてバランスを崩してしまいます。人間同士も同じです。賑やかな人が2人集まれば、そのエネルギーは2倍どころか数倍にも感じますし、逆に暗い人が集まった時も同じです。

これはゴールドルチルクオーツの例がわかりやすいです。この石は、金運や財運の石といわれ、常に脳を活性化しアンテナを立てているような石です。集中して何かに臨みたい時に強く働いてくれます。しかし、起業したばかりの女性が、昼夜関係なくこの石を身に着け続けていたら眠れなくなり、不眠症になってしまい睡眠導入剤を使用していると相談がありました。そこで、この石はしばらくお休みしてもらって、代わりに安眠効果のあるフローライトをつけると良いですよとお勧めしました。数日後から以前のように眠れるようになったそうです。

3・自分が潜在的、または無意識下に持っている良いバイブレーションを活性化してくれる石

次に、自分の潜在的、または無意識下に持っている良いバイブレーションを活性化してくれる石です。これは、優れた総体的なカウンセリング力と知識を持ったストーンカウンセラーに選んでもらう、もしくは自分自身が惹かれて選んだ物なら良いでしょう。もともと持っている自分自身の資質や想念ですから、ワクワクしてきたり、視界が開けたり、前向きになったり、クリエイティブになったりなど、良い変化を感じる人が多いです。

これは、顕在意識の下の方で息を潜めていたバイブレーションです。そのバイブレーションが石の波動と共振することで、振動が増幅し自覚となってきます。

そもそも私達、ホモ・サピエンスは、持っているＤＮＡの１％しか使っていないといわれます。天然石を持ってから、ラッキーなことが起こるようになった、願いが叶ったなどの思いがけない幸運が起こりだすといった事例は、多くの場合このタイプが多く、普段ほとんど意識することのなかった、本来持っている智慧や力が、天然石の持つバイブレーションが起振となり、スイッチが入って働きだした、ということになると思います。

◆クリスタルヒーリングの効果と症例

病気に対する効果の症例については、正直、薬のように必ずヒーリング効果があるとはいえないので、実際に病気で苦しむ家族や本人にとって、霊感商法的な取られ方をしないかという危惧がありましたが、一方で、私のように投薬や制限のある生活から離脱することができた方も大勢いらっしゃいますので、ご本人様の許可を得て、いくつかご紹介します。

〈過敏性腸症候群〉

ある30代の女性は、中学生の頃の初デートの日、待ち合わせ場所が近づいてきたら突然お腹が痛くなったそうです。その日を境に、大事な場面が近づくとお腹が痛くなるようになり「自分は大事な場面でお腹が痛くなる」と認識してからは、ますます悪化する一方で、常にお守りのように強い下痢止め薬を持ち歩き、ついには実際には痛くなくても『痛くなるかもしれない』という不安に耐えられず、毎日薬を飲むようになってしまったそうです。そして今度は激しい便秘からくる腹痛で倒れてしまい、この連鎖をどうにか止めなければと一念発起した際に、クリスタルヒーリングを知り、来訪されました。

この場合、肉体的な反応が起こる際は、肉体のバイブレーションが急激に乱れていますし、同時に心や意識には潜在的なトラウマや不安があると思えました。

ヒアリングから、最初に原因不明の腹痛に襲われた際、それを母親に告げると、過敏性腸症候群だといわれ、「この先も大事な場面でお腹が痛くなったら困るね」といわれたそうです。

それ以来、彼女のお母様は、試験や学校行事の前は、胃腸に負担のない食事を心がけてくれたそうで、ファストフードやお菓子も禁止、おやつは腸に良いとされる甘味を使った手作りおやつになったというのです。

娘のことを思えばの母心であったことは十分にわかるのですが、この時点で、彼女の中に「自分は病気である。特殊である。母親に迷惑をかけている」という認識が刻まれてしまったといいます。

体感や感覚を注意深くヒアリングしながら、彼女の体に様々な石を配置し、違和感が取れるまでヒーリングを行う過程で、感情が激しく揺らぎ始め、涙が止まらなくなり、隠れていた心の苦しさが溢れてきました。やがて落ち着きを取り戻すと共に心地良さが訪れ、ヒーリング中、医者から「気持ちの問題が引き起こしている症状です」と繰り返しいわれてきた場面や、「大人になったら治りますよ」といわれたことが走馬灯のように繰り返され、そのうち「もう大人だから治ってるよ」「もう薬なんてなくて大丈夫だね」という心の声が何度も繰り返されたそうです。

その時の感覚を今の自分がもう一人の自分と対話しているようだったといいます。その後3回ほどヒーリングを受けてくださり、今ではすっかり症状が出なくなっています。

〈がん〉

がんの部位に関しては特定しないことを約束の上、「是非掲載してください」といってくださった、お母様ががんのステージ4と診断された患者様のご家族の症例です。

お母様の病床の足元にスモーキークオーツ、胸にローズクオーツ、胃の辺りにラブラドライト、額にセレナイト、体を囲むように水晶を配置するヒーリングを続けてもらいました。初回から体のだるさがなくなり、今日は調子が良いからご飯を食べに行こうと、家族で外出許可をもらい食事をしたそうです。

その後もヒーリングをした日は食事が進むことが多く、何よりも気持ちがポジティブで明るくなり、精神面が急速に安定したそうです。残念ながら他界されましたが、それまで、すっかり笑顔も消えてしまっていたお母様が非常に穏やかだったとのことで、本当に良いお見送りができたそうです。

このようなケースは他にも何例かありました。

〈意識の転換、ビジョンの達成〉

毎月、関西方面からストーンクラスに参加してくれていた当時20代の女性は、最初に会った時は、少し排他的な感じのする子でした。生い立ちや環境に問題があるという自覚も持っていました。クリスタルヒーリングの勉強と共に、必要だと感じる石で自己ヒーリングを行ううちに、少しずつ変化が起こり始めました。もともと外国に行きたいといっていたのですが、ある日セレナイトを枕の下に入れて眠ってから、明確なビジョンが出てきて、「金髪の白人男性と結婚して、アメリカかオーストラリアの田舎町でストーンショップを開きたい！　可愛い子どもがいて、ペットがいて幸せに暮らす！」というようになりました。クラスメイトも、「若いって夢があっていいね」などといっていたのですが、彼女の中では夢ではなく、必ず来る未来という感覚だったといいます。その後は勉強が進む過程と共に、様々な石で、勇気や誇りある生き方、自己肯定、といった部分のヒーリングを続け、卒業の頃には、最初に会った時の女の子とは別人のような明るさを持っていました。

その彼女は現在、アメリカで白人男性と結婚し、ご主人が家の敷地内に手作りで建ててくれたストーンショップのオーナーとなっています。広い土地があり、週末にはキャンピングカーで来るお客様もいらっしゃるそうで、そこでクリスタルヒーリングのワークショップも行っている人気のショップになりました。

ちなみに8歳の女の子と4歳の男の子のママになり、2匹の犬と3匹の猫と暮らしています。

〈ヒステリー、アンガーコントロール〉

50代女性の症例です。普段の姿からは想像できないのですが、一旦怒りやイライラのスイッチが入ると、自分でもコントロールが利かなくなってしまい、暴言を吐いてしまう、物を壊したり投げつけたりしてしまうという悩みがありました。怒りを爆発させた後は、しばらく自己嫌悪から立ち直れなくなるということでした。

特に家族に対して起こるそうで、他人との間でトラブルになったことはないといいます。外でのストレスも全て家族に向いてしまうそうです。ヒアリングから家族を想う気持ちはとても強く、夫や子ども達に対しての心配や期待、自分が正しいと信じる道を歩ませたい、という潜在的な気持ちが非常に強く、自分の理解の範囲から、少しでもズレた時に怒りが爆発するようでした。

主に、モルガナイトやローズクオーツで愛情に対する意識の変換、スモーキークオーツでネガティブさからの離脱、グリーン系の石で他者を尊重できる精神などをバランスしていきました。今でもスイッチが入りそうになることはあるそうですが、意識的に抑えることができるようになりました。

来訪された時は、心療内科の薬を服用されていて、だるさで外に出るのも億劫になり、より不安定になっていたといいます。

天然石を用いるようになってから薬の服用を断つことができています。

〈痛み〉

偏頭痛や傷の痛みなど、痛みを逃す方法として、天然の六角柱のポイントが効果的です。痛みの強さにもよりますが、痛みに当てて逃がすように使うと、その部位の痛みが緩和されるのはよくあることです。繰り返し使うことで、長年の偏頭痛が起きなくなった方もいます。私もその一人です。

◆パワーストーンが変えるのではなく、自分が変わる

ここまで様々な効果の話をしましたが、パワーストーンの効果を体感するために、一番大切なことをお伝えします。よく「石が浄化してくれた」「パワーストーンが幸せにしてくれた」という言葉を聞きますが、そんなことはありません。石自体は浄化もしませんし、未来を幸せに変えることも直接的にはしないのです。では、なぜ、前述した人たちは効果が得られたのか。

それは石が持つ波動と共振したことで、人間がもともと持つ正常な波動に戻ったからです。人間は生まれたばかりの時、人を疑うことも、世の中はこうであるという思い込みも持っていません。しかし、生きていくうちに「私はこういうタイプだ」「どうせやってもうまくできない」「こういわれたら嫌われている証拠だ」など、ネガティブな思い癖が多かれ少なかれついてしまいます。これはメンタルブロックと呼ばれ、行動を妨げる大きな原因の一つ。このブロックが天然石と共振すると正常に戻り、外れることで前向きになっ

たり、行動を起こすことができたりして現状を改善していくのです。

このブロックを外すのは天然石ではなく、あなた自身です。天然石はあくまで気づきを与えるだけ。「自分はこんな思い癖があった」「こんなときにネガティブになりやすい」「本当はこうしたい」など気づいたことを素直に受け入れて、行動に移してみる。ここに意識を向けないと、どんなに高価な石を購入しても、クリスタルヒーリングを何度受けても、思うような効果は得られないでしょう。それは、せっかく動きだす波動を自らのマイナスな意識の波動でブロックしてしまうからです。

このようなことから「何個もパワーストーンを買ったのに効果がなかった」「クリスタルヒーリングを受けたのに何も変わらなかった」という話がひとり歩きしてしまい、「眉唾もの」「オカルト扱い」になりがちです。それはパワーストーン頼みにしているから。あくまで変わっていくのは自分である、ということを忘れないでください。

第8章

天然石を選ぶ時の注意点

◆効果効能につられて買う落とし穴

ネット社会の今、自分に合った石が欲しいと思った時、恋愛成就の石、金運が上がる石、など検索をかけて石を調べる人も多いと思いますが、これには少し注意が必要です。検索で石の効果効能を調べると、どの石も良いことばかり書いてあって、全部欲しくなってしまうかもしれません。

しかし、イギリスの追跡調査や鉱物振動療法などの研究からも、私達に影響を与えていることはもはや事実として認識し、石をファンタジーやスピリチュアルな世界観だけで判断せず、真面目に選ぶべきです。

例えば、チャロアイトという石があります。美しい紫色にエンジェルシリカが混ざり、見た目にも神秘的な美しい石です。検索すると、三大ヒーリングストーンとして素晴らしい効果効能が並べられているので非常に人気の高い石です。実際、チャロアイトを探しているといったお問い合わせも多くあります。

どのような効果効能が書かれているかというと、『霊性さや洞察力が増し、非常に大きな変化を促す石』『波動の変化を促して、高次の現実へ結びつける石』『完全なる現在を完成させる石』などといった文言が並んでいます。完全なる現在を石一つで手に入れられるならお安い物です。もしもこれが薬なら魔法の薬といったところですが、もう一度冷静にこの文言をみてください。

例えば「非常に大きな変化を促す、完全なる現在」という部分。何でもそうですが、朝、目覚めたら全てが望み通りに変わっていた、などということはありません。そこに至るまでの道程が必須になってきます。ですから、その状況と持ち主との間のギャップが大きいほど、超えなければならないハードルが出てきます。

チャロアイトは、いい換えればこのハードルを示していく、足りないものを気づかせる、顕在化していく石です。

私がこの石をお渡しする時は、この部分を説明し、自分自身と向き合い改善していく覚悟を持つと非常に効果が出ますよ、とお伝えしています。

しかし、簡単に望み通りに変化していくだろうと、他力本願的な気持ちで安易に手にすると、この石を持ってから、落ち込むことが増えた、精神的にアンバランスになってきた、という事例も多い石なのです。

こういった、漠然とした大きな変化変容効果を謳っている石には、似たようなタイプの石が多くあり、ここは人間の考える力を使い、そのために何が起きるだろう？　と一旦整理して覚悟を持って購入されると良いです。

目的と覚悟を定めて持つと、周囲や自分に起こる出来事一つ一つと丁寧に向き合い、自分を見直し、改善できます。たとえ、苦しかったり、大変だったりする出来事だとしても、自らの改善のために起きていると捉えられ、前向きに乗り越えることができ、やがては石を持ってから早いスピードで変化が訪れた、と実感できます。

チャロアイトなどは大きな変革を早いスピードでもたらす石ではありますが、持つタイミングが重要な石です。

◆石の陰陽バイブレーションの性質

効果効能につられて購入するもう一つの危険性として、石にも陰陽性質を持つ石があるということです。バイブレーションを高めていくのが得意な石。バイブレーションを鎮めるのが得意な石と捉えてください。

高めていく石はモチベーションが上がってきたり、やる気がムクムクと湧いてきたり、ジッとしていられなくなったり、頭が活性化したりなど、エネルギーをアップすることに長けています。インカローズ、ガーネット、ルビーなど赤味の強い石に多いのですが、共振により過剰になりやすい石です。

物理的な共振性の先に破壊があります。同じ増幅する波動を同調し続けると破壊に至るというものですが、これと似ています。

セレブで名高いヒルトン家の、パリス・ヒルトンのお宅を訪問するテレビ番組を観ていた時のことです。たくさんいる愛犬達に、それぞれ宝石の首輪を着けていたのです。1匹のワンちゃんが吠え続けていて、「この子は何時も吠えているの！」とパリスはいってい

ましたが、その子の首輪にはルビーが着いていました。ルビーを外して鎮める効果の石に変えてあげれば吠えなくなるのにと思いました。ペットは敏感ですから、より慎重に選んであげる必要があります。

一方で鎮めるのが得意な石は、鎮まっている状態に同調する波動を与えると、さらに鎮静が強まり、動きたくなくなる、やる気が出なくなってくるといったことが起きてきます。そのため、このような石は自分の状態とのバランスをみながら、使う時とお休みする時を使い分けるのが良いです。

アップが過剰になっている状態としてわかりやすいのが、イライラする、焦る感覚があるなどがあります。鎮まった状態が過剰になっている時は、動きたいけど動く気になれない、やる気が出ない、気分が落ち込むなどです。

高める石としては、気分も良く元気でポジティブである、鎮める石としては穏やかで落ち着いている、といった状態なら良いといえるでしょう。

- **高める石…下がってるから上げたい！　上げることでバランスが取り戻せる**
- **鎮める石…高まりすぎてバランスを崩している。過剰になっている状態を鎮めることでバランスを取り戻す**

と大まかに捉えて選びましょう。

◆自分の感覚に従う正しさ

それでは、結局どのように石を選べば良いのか。その答えは、自分でこれが欲しいな、部屋に置きたいな、身に着けたいな、という物を選んでください。

なんだ、そんな簡単なことか、と思われるかもしれませんが、自分で選ぶのには意味があり、非常に大切なことです。

この感覚は〝気分一致効果〟といい、人は現在の自分の状態が心地良くなる物や、潜在的に望む状態に合わせてくれる物を選ぶ力を持っています。どんな時にどんな人が、どんな物に惹かれ、どんな効果を表すか、という細かいデータ収集は各分野で行われ、それを基に企業戦略も取られる当たり前の感覚なのです。特に鉱物などの自然物に対しては、視覚効果のみならずバイブレーションレベルでそれを感じ取っています。

古代に遡れば、人類はその力で自然物を扱い、生き延びてきたのです。その姿は今も野生動物に見られ、いわばそれは、私達が持つ本能的な生きる力です。

この力を最初から他人任せにしてしまうと、段々とその力を使えなくなりますし、自分自身より他人を信用してしまうようになります。その結果、コントロールや依存、執着という結果に繋がりやすく、実際にそのような例をたくさん見てきました。

ですから、私の所に直接いらした方にもまずは自分で石を選んで頂きます。その後で、産地や形状、希少価値、石の持つ効果効能を説明しています。そして、選んだ石から何が今一番必要かを解析すると、その方が、ピンポイントで改善点や意識の置き所がわかるのです。

わかりやすい例を挙げると、独身女性に圧倒的に多い希望として恋愛運があります。恋愛成就の石や良縁の石といわれるものはたくさんあり「意味を調べたらこの石が良さそうなので、これが欲しいです」という方は多いのですが、実際に目の前に石が並ぶと、全く違う石が気になるということが度々です。

人間のエネルギーの出どころでもあるチャクラを例にすると、恋愛というとハートのチャクラに注目しがちですが、実は喉のチャクラをサポートする石が必要だったり、第1

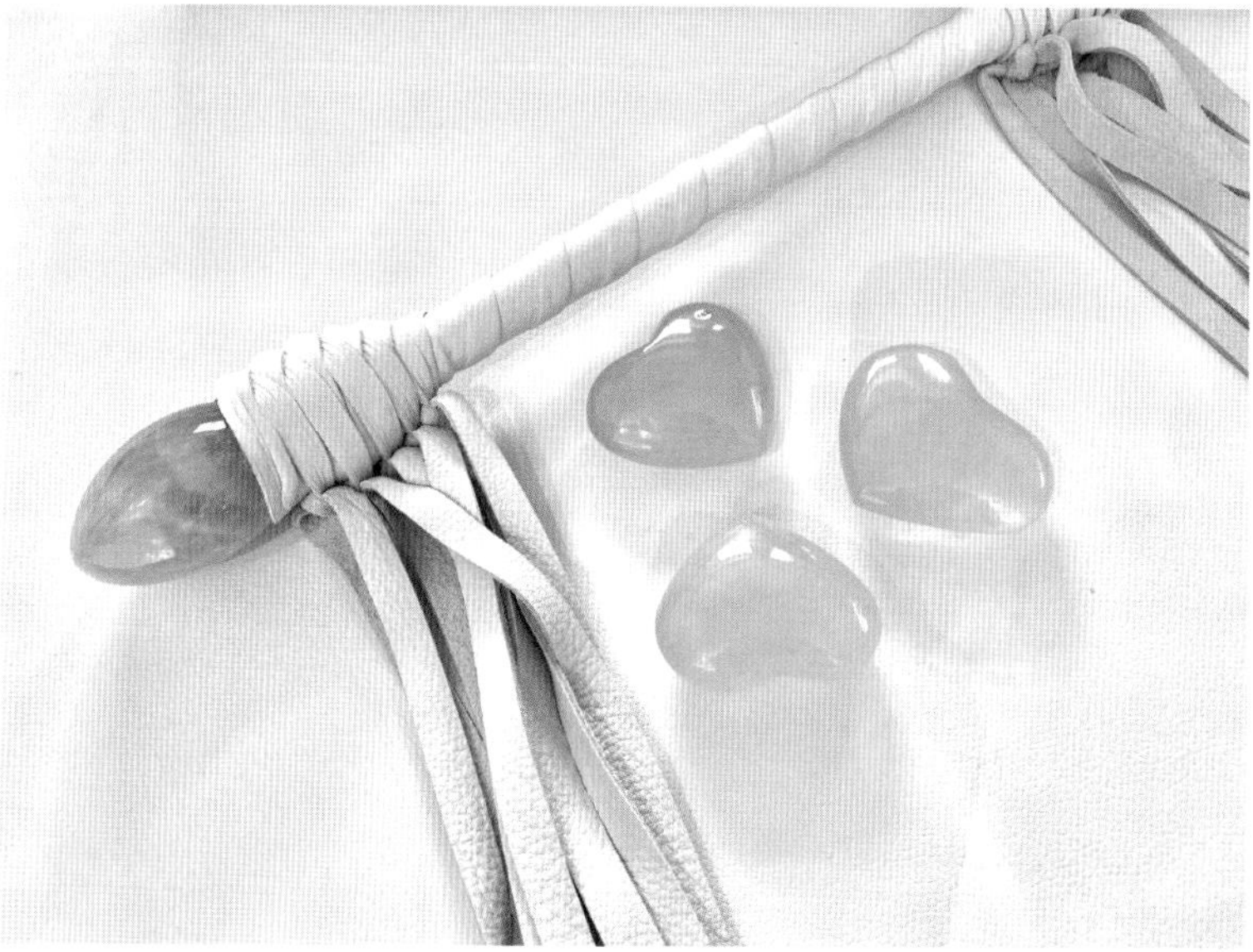

チャクラのセクシャリティのサポートや、自己軸をサポートする石を選ぶことが多いのです。チャクラに関しては後の章で詳しく説明します。

自分で選ぶと皆さん「だから私はこれを選んだんですね」「自分を客観的に理解できました」とおっしゃいます。自分で選んだことで、恋愛運を上げるために自分にとって何が必要なのか、何が足りなかったのかが理解できるため、その後、意識して行動でき、変化への大きなポイントとなるサポートストーンになれるのです。そして、自分自身を信頼する力にも繋がっていきます。

稀に、石を選ぶ気力さえなくなっている方もいらっしゃいますが、そういう場合はしっかりカウンセリングをした後に、トータル的に見て原因を探り石を選びます。こうして、恋愛や仕事、多くの方が段階的に石を持っていくことで、実際に望む現実を手に入れています。

◆依存マーケットの対象消費者にならない

少し警鐘的な話になりますが、石を購入する際に、依存マーケットの対象にならないで欲しいと思っています。依存マーケットとは嫌な言葉ではありますが、10年位前にアーユルヴェーダの先駆者的な先生とお仕事をさせて頂いた時に、こういった仕事は一歩間違えると依存マーケットになってしまう。こういう業界は、心が弱っている人をターゲットにすると儲かると知っている人達がたくさん居て、どうすれば依存心にヒットするかでビジネスをする人達がたくさんいる、というお話をされました。

悲しいかな、あなたのここがダメ、あそこがダメ、だからダメなんだ！　といった、クライアントの感情を引き下げることで商売になる。または、思い通りにならないのは、カルマや邪念や怨念など、自分の力ではどうにもならない言葉で商売に結びつけるといった事実も存在するのです。

もちろん、特別な能力を持ち、真摯にお仕事をされている方もいらっしゃるとは思いますし、波動の繋がりで考えた時に、そういったオカルト的な事例だったと私も感じることがあります。けれどそれさえも、本来自分の波動との結びつきですから、ネガティブなものと繋がらない、負の感情や状態を断っていく、という石を使った方法を教えてあげるのがベストだと考えています。

自分のことを自分で解決できる力を一つでも多く持つのはとても大事です。特にバイブレーションレベルの目に見えない世界のことなら尚更です。私自身、体力が弱っていたり、少し落ち込んでいたりすると、負のバイブレーションを受けたと感じる時もありますが、石による浄化のヒーリングで解消しています。

◆本物の天然石を手にするために

石を購入する際、ポピュラーな石は模造品が多く流通していることも念頭に置いておきましょう。特にブレスレットを始めとした、アクセサリー類に多く見られます。市場に当たり前に流通しているのが、溶錬水晶かと思います。溶錬水晶とは一般的には、石英に他の成分を混ぜて溶かして固めたものです。ブレスレットやカットされた物、丸玉など幅広い種類に、この製法のものが用いられ流通しています。傷やクラック（ひび割れ、裂け目）もなく、透明で美しいのですが、溶かして固めた物なので、非結晶体となり、先に解説した天然水晶の結晶体が持つ機能は存在していません。物質的にはガラスと同じです。

その他のアクセサリーでも、スマホのライトなどを当ててみて、中にクラックや傷一つない物、ブレスレットならば球の色味や外観が全て均一の様相でしたら、人工的な模造品の可能性が高いです。

石に透明感があり無傷でしたら、本来は宝石の部類に入ります。地球の中で長い時間をかけて結晶化した天然石ですから、クラックなどがあって当たり前と考えたほうが良いです。その中でも無傷で美しい透明感を持った部位や結晶はスペシャルな物になり、宝石として扱われます。

その他には人工着色があります。素材は天然でも、美しく見せるために着色した樹脂などを被せる製法です。この場合、肌に着けていると汗で色落ちすることがあります。また、翡翠の多くは塩素に浸けて無数の微細な穴を開け、そこに着色樹脂を染み込ませる含浸着色法が取られることで有名で、ムラのない、単一のグリーンの翡翠は、基本的にこの製法です。

あとは加熱処理です。鉱物には、特殊な熱を照射すると別の色に変化する物や、鮮やかに発色する性質を持った物があります。全てではありませんが、アメジストやスモーキークオーツ、シトリンなどは、その処理が施される代表的な石です。

その他、近年はプリント製法が出てきました。ゴールドルチルクオーツ、ラリマーなどに多く見られます。ゴールドルチルクオーツは、表面の全体をじっくり眺め、ルチルが表面だけに存在していて、クオーツの中にない場合はこの可能性が高いです。表面だけにプリントされているので、一見天然のルチルよりキラキラと綺麗に見えます。

ラリマーは、専用ライトやスマホのライトを裏側から当ててみます。１００％とはいえないのですが、透き通る部分があれば天然と考えて良いでしょう。ブレスレットの場合、柄の出方が他の粒と全く同じでしたら、残念ながら模造品を疑ったほうが良いです。

稀に、プラスチックやレジンなどで造形された模造品が販売されています。天然石は見た目よりも案外重さがありますが、これらは軽いのが特徴です。

このようなことを念頭に、疑問点は勇気を持って質問することをお勧めします。天然に拘った仕入れや買いつけをしているショップや業者さんなら、自信を持って納得いく説明をしてくれます。

◆パワーストーンの危険な使い方

ネット上で、天然石を使ってパワーを得る方法が様々な形で紹介されていますが、危険だから絶対に止めてほしいことがあります。それは、天然石はあくまでも自然界から育まれた鉱物で人間のエゴの関わらないところで生成されたものだからです。

絶対にやめてほしいのは天然石を体内に入れることです。天然石は、美しく見えても、危険な有害物質を含む鉱物がたくさんあります。例えば、タイガーアイは繊維状の結晶であるクロシドライト（青石綿）に石英がしみ込んでできた鉱物です。石綿といえばアスベストです。青い石にはストロンチウムが含まれることが多いですし、その他酸化鉄が含まれる物や、そのもの自体が酸化してできた鉱物もたくさんあります。

水銀が結合してできた結晶や、水銀を含む物、毒性のあるレアメタルや胆礬《たんばん》など、非常に多いのです。持ったり身に着ける分には問題なく加工処理されていても、体内に入れるとなると危険です。

危険物質を含有していなくても、市場に出る多くの石は艶良く傷付きにくくするために、樹脂加工が施されています。ネイルのトップコートのような役割です。前述したように、これらは汗などで色落ちすることもあり、粗悪な樹脂が体内に染み出す危険性も大きいのです。

また、波動水飲料として飲む場合も同じです。天然石を直接水に入れた状態で飲むのは大変危険です。波動を転写したいのであれば、水を入れたガラスのボトルを石の近くに一晩置いておくだけで充分です。

天然の岩塩も人気ですが、塩も結晶物です。結晶の過程で水銀や再生力のある微生物などを多く含んでいます。食品用に精製された物を使用しましょう。

最近、シャンプーや化粧品の経皮毒を気にされる方は多いかと思いますが、体内に取り入れるとなればさらに注意が必要です。

古代書物やシャーマン伝承の使い方も、現代において一概に全てが正しいとは限りません。ヒーリング効果だけを見ずに、物質としてきちんと判断しなければなりません。

第2部

パワーストーンとチャクラ

人体のエネルギーセンターである「7つのチャクラ」を活性化させてエネルギーバランスを整えるパワーストーン

◆チャクラと心身エネルギー

チャクラとはサンスクリット語で輪、円、円盤、車輪を意味する言葉で、インド医学やアーユルヴェーダ、ヨーガの概念が始まりといわれています。

現在チャクラの概念は、それぞれの分野で多少違いがあるようですが、いずれも人体には7つの「チャクラ」とよばれるエネルギーセンターがあり、私達のエネルギーは、このチャクラを起点にして回転するエネルギーの光の輪として絶えずグルグルと回って活力を生み出しているといわれています。このエネルギーによる光の輪には、それぞれ色がありチャクラカラーと呼ばれます。

チャクラは経絡や経穴と同じく、実際に目には見えませんが、人間が心身共に健康で生きるために重要かつ欠かせないエネルギーセンターとして活動しているのです。

伝統的な石を使ったヒーリングの概念では、チャクラエネルギーは大地からロート状に肉体に向かい、股間から身体の中心部を回転しながら頭上に向かって上がっていき、頭上から再びロート状に宇宙エネルギーへと向かっていきます。これが滞りなくスムーズに循環されていると、チャクラは上手く連携し合い、心も肉体も精神も統合され、心身共に健康であるという考え方です。

反対に感情の乱れやストレス、精神性の未熟さ、実際の病気などによりチャクラの回転が乱れたり、弱くなったり、ブロックされたりすると、私達の状態は元の快活な気を失い、元気がなくなります。

一方で肉体的な病があっても、チャクラバランスを整えていれば、精神的に穏やかで満たされているというものです。


人体に存在している7つのチャクラはそれぞれの性質を持っており、対応する色や石などがあります。石は不足したチャクラのエネルギーを活性化したり、過剰になったエネルギーを鎮めたりすることで心身のエネルギーをバランス良く整えます。

特に、第1チャクラと第2チャクラは、その人の根底を支える源泉となるチャクラです。樹木にたとえるなら、根であり、幹を支える木の根元の部分にあたります。

生きていく上で、様々な困難や悩みを抱えた時、岐路に立った時、常にこのチャクラに立ち返り、自分の生き方のスタンスや、ワクワクする感覚に重きをおくことで、本来の自分らしい選択と決断ができるでしょう。

ここからは、それぞれのチャクラの場所とその性質についてご紹介します。

エネルギーの光の輪「7つのチャクラ」の位置

チャクラエネルギーは大地からロート状に肉体に向かい、
股間から身体の中心部を回転しながら頭上に向かう。

生きるエネルギーのチャクラ

第1チャクラ

ムーラダーラ

Muladhala

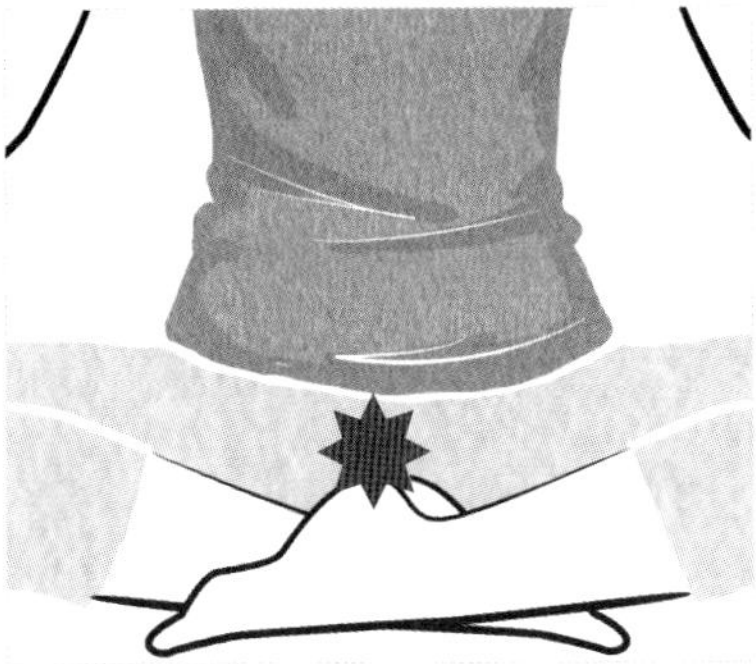

効果的な色

主に赤、黒、シルバーの石

チャクラの位置

骨盤の底
会陰部と肛門の間

特徴

生命力、集中力、エネルギー（パワー）、
地に足を着けた生き方、
自分の正しさ、活力、安定、セクシャリティの自信

強く逞しく生きるための心身の土台をつくるエネルギーで、人それぞれの生き方の源泉となる場所です。自分が生きていく上で最も重要な根っこの部分です。どんなに上っ面を整えても第1チャクラがしっかりしていないと、根のない樹木のように、外的なキッカケにより簡単に倒れてしまいます。反対にこのチャクラが強いと早く立ち直り、元気を取り戻すことができます。精神的世界に意識を向ける時は、現実逃避にならないようにこのチャクラをしっかりさせておくことが大事です。

エネルギーが不足すると…
恐れ、不安、逃避、曖昧さが色濃くなる、行動力がなくなる、性への意欲や興味がなくなる、あるいは依存や執着が生まれる

バランスが良いと…
安心感があり、潜在的に自分は安全だと感じられる、地に足がついている、肉体的に健康で快活である、明確な人となりを持っている

創造性のチャクラ

第2チャクラ

スワーディシュターナ

Svadhisthana

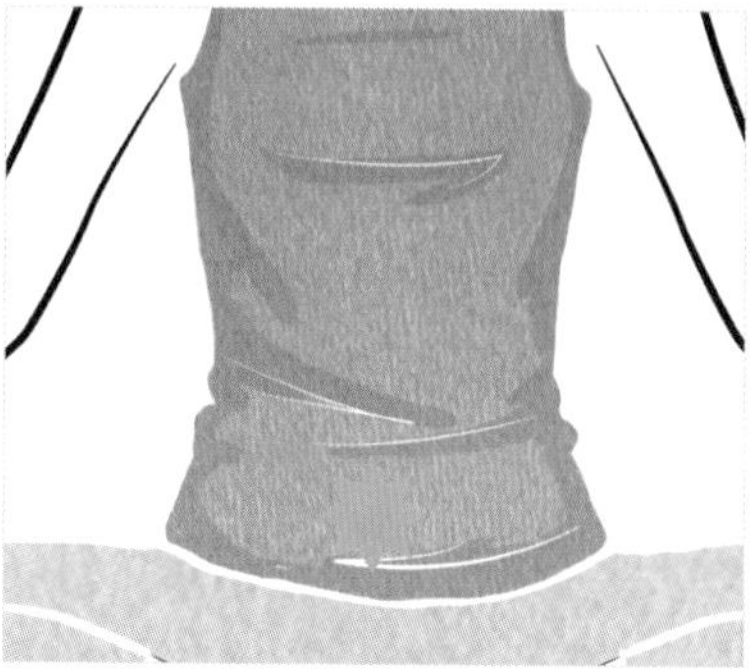

効果的な色

主に黄色、ゴールド、
オレンジ、茶色の石

チャクラの位置

仙骨から丹田の部分

特徴

クリエイト能力（創造性）、
チャレンジ精神、具現化する力、ポジティブさ、
閃き、発想力、物事を楽しむ力、精神的に豊かな性

ワクワクする気持ちや感じる力、素直に楽しむ力や、閃きやイメージしたことを行動に結びつけて具現化する力に関係するチャクラです。人生は思いついたこと、閃いたこと、感じたこと、イメージしたことを、行動や表現で初めて具現されます。自分の思い描く人生を形にしたり、自分らしい発展的な毎日をつくって行く上で大切なチャクラです。外的なマイナスエネルギーを受けやすい人も、このチャクラを強くすることで影響を受けにくくなります。

エネルギーが不足すると…
感性や感動やワクワクするといった心の震えが減る、変化への恐れが濃くなる、欲望や情熱、興奮の欠如、退屈、性への恐怖やマイナス感覚が起きやすくなる、なんでもいい、どうでもいいといった感覚が強くなる

バランスが良いと…
未来を明るくポジティブに捉える、閃きや発想力が豊かで、様々なことを思いつきやすくなる、他者との関係性が前向きになる、喜びを楽しむ能力、性的満足、今に感謝する気持ちが濃くなる、夢や希望をいつも持っていられる

自己のチャクラ

第3チャクラ

マニプーラ

Manipura

効果的な色

主に緑やオレンジの石
（多くのチャクラカラーでは、このチャクラの対応カラーは黄色になっていますが、石の色で見ると緑の石がとても効果的です）

チャクラの位置

胸とへその間
胃の辺り

特徴

決断力、意思力、意思に沿った行動力、
自己軸、コントロールされない力、許容力、
ポジティブシンキング、自分らしさ、自らの癒し

他人の発言や行動に左右されることなく、自らの意思を大切にし、責任を持った生き方をするために大切なチャクラです。責任を他人のせいにしたり、他者からのコントロールの元に生きるのではなく、自己決定の上で選択し歩んでいく力を持ちます。違和感のない人間関係や豊かな人間関係に繋がり、第1チャクラと第2チャクラから上昇してくるエネルギーを曲げずに使えるとスムーズに循環します。

エネルギーが不足すると…
他人の言動ばかり気にしてしまう、受け身でいることが多い、服従傾向、体の冷えや胃の痛みや消化不良、自尊心の低迷、自信のなさ、意志の弱さ、優柔不断、八方美人、他人の陰口や愚痴が多いなどの傾向になる

バランスが良いと…
意思表示が明瞭である、責任感がある、頼りがいがある、陰口や悪口がなく他者を尊重できる、オンとオフの使い分けが上手い、時間の使い方が上手い、目標達成力が高い、人間関係がスムーズである。その人らしさ（個性）や魅力が明確に見てとれる

感情のチャクラ

第4チャクラ

アナハタ

Anahata

効果的な色

主にピンクや緑の石
（多くのチャクラカラーでは、第4チャクラは緑色を示しますが、石の色で見るとピンク色の石がとても効果的です）

チャクラの位置

胸の真ん中

特徴

自己肯定、愛情、慈愛、
思いやり、調和、安心感、
感情のバランスや切り替え、受容する心

常に敏感に反応している繊細なチャクラです。愛を感じたい時や受け取りたい時、与えたい時など、良好な愛情関係を築きたい時に重要なチャクラです。他者を受け入れたり尊重したり素直に喜びあったり、応援したりできます。他人や恋人や家族に依存や執着、嫉妬、過干渉をなくし、また、無関心になることなく、感情が乱れたらそれに気づき、良い塩梅で心が震えている状態にいち早く動かすことができるとバランスが良く、他のチャクラと連携ができます。

エネルギーが不足すると…
人に対する不信感、相手への引き下げ心理、批判的、偏った思い込み、不寛容、孤独や孤立感、共感の欠如、親密になることへの恐れが濃くなる

バランスが良いと…
自分の長所も短所も自己受容ができていて、思いやりがあり素直、共感性や許容力が高い、気遣いがあり平和的、精神的安定、満足感、素直な喜びや愛情表現ができる、悩みや悲しみに感情が乱れたり弱っても早い段階で気持ちを切り替えられる

喉のチャクラ

第5チャクラ

ヴィシュッダ

Vishuddha

効果的な色

主に水色や青い石

チャクラの位置

鎖骨と鎖骨の間の窪み
（天突）から咽頭部

特徴

表現力、コミュニケーション能力、
自己の考えや意思、感情を声に出す、
または伝わるように表現する

第1チャクラから第4チャクラ（感情）まで流れてきた調和されたエネルギーを上手に表現できると、このチャクラは非常にスムーズです。これを上手く表現しなかったり、できなかったりすると滞り、激しいストレスを感じ、喉が詰まったような状態になります。唯一このチャクラはボキャブラリーを増やし、上手い表現方法や声の出し方を磨き、表現力のスキルアップを習得することでチャクラのバランス力を強化できます。

エネルギーが不足すると…

声が小さい、口籠ってしまう、思ったことを言葉に出せない、話すことへの不安や恐怖、悶々と考えている時間が増える、出まかせをいってしまう、心と反対のことをいってしまう、誇張した表現や嘘をついてしまう

バランスが良いと…

他人と良好なコミュニケーションが取れる、自分に自信が持てる、物事の進みがスムーズになる、自分に責任が持てる、自分自身との対話が上手くなる、良い聞き手になれる、他者を癒したり元気づけたりできる、問題解決がスムーズになる

サードアイ第3の目

第6チャクラ

アジュナ

Ajna

効果的な色

色の指定は特になし。マルチフローライト、オーロラクリスタルが誰にでも使いやすい。その他ラピスラズリ、アメジストなどは目的別に使用する。

チャクラの位置

眉間から松果体

特徴

直感力、洞察力、イマジネーション力、
右脳左脳のバランス、冷静な判断力、物事を見極める目、
審美眼、多次元力（目の前のことだけに囚われない力）

松果体脳の中央の深いところにある、小さな組織で睡眠のパターンを調整するホルモン、メラトニンを分泌する脳器官で、ニワトリや魚など多くの動物が光を感じる「第3の眼」として機能します。ヒーリングの概念では、第5チャクラまでは自分の意識の関わるチャクラ、第6チャクラからは神の領域のチャクラと表現され、顕在意識で変えていくのではなく、生きてきた智慧や精神の高まりと共に自然に開花され、光の中の見えない情報を受容するチャクラと考えます。物質次元で生きる私達が、その中での真実を見出し、冷静に自己と向き合い落ち着いて物事を判断する力を呼び覚まします。

エネルギーが不足すると…
いつも思考が忙しい、悩み事や不安が多い、視野が狭い、創造力の欠如、集中力の欠如、鈍感、懐疑心、誤った選択

バランスが良いと…
強い直感力や洞察力、イマジネーション力、閃き力、創造力、記憶力、瞑想力、思考の整理力、頭の中に余白ができる、心の余裕が生まれる、真実を見極める目を持つ

クラウンチャクラ

第7チャクラ

サハスラーラ

Sahasrara

効果的な色

クリアー、紫

チャクラの位置

頭頂部（誕生時に頭蓋骨の塞がっていない菱形の凹みで生後1ヶ月ほどで閉じる大泉門）

特徴

精神の静寂、調和と安定、智慧、落ち着き、大きな理解と受容、深い癒し、気づき、慈愛

高次元や自分の霊性と繋がるチャクラですが、これを現実的に捉えた時、これまで生きる中で学び取ってきたことで、既に悟り無意識下に置かれている領域になります。現実の世界で第5チャクラまでを学び、その中で理解し自身の中に落とし込まれた霊性と直結している無意識のチャクラです。過去の出来事や記憶、未来への不安の意識や、現在の環境から解放された無に近い状態の静かな世界で、顕在意識を超越した意識を司ります。このチャクラを活性化するには日々の中での学びを高めて実行していくことですが、クリスタルヒーリングにより、このチャクラをクリアリング（浄化）したりその意識を高めることができます。特にクリスタルポイントを、このチャクラ（頭頂部）に先端を上向きにした状態で置き、限りなく思考を働かせないように呼吸を整えながら行うヒーリングが効果的です。

エネルギーが不足すると…

本来の自分がわからない、不安が多い、ネガティブになる、他人の目が気になる、他人の行動が気になる、批判が多くなる、イライラやストレスが多い、頑固すぎる信念、慈愛の精神の欠如

バランスが良いと…

安心感や自信がある、自然体でいることに価値感が持てる、起こることを受容できる力、他者を尊重する精神、命や魂、地球や宇宙、精神が統合し調和していると感じられる

第3部

パワーストーンデータ事典

人間の視覚で見える色による
天然石の効果と効能で
自分に合った石を選ぶ

◆色から判断する石の効果効能

ここでは、石を選ぶ際に一番わかりやすい方法として、追跡データ等で効果効能の高い石を色別に分けて紹介します。

石によっては、光学分析と人間の視覚で見る色には違いがありますが、同じ色の種類に見える石は、同じ元素を含み、効果効能にも共通点を持っています。ここでは人間の視覚で見える色分けをします。

気をつけるべき状態については、必ずそうなるというわけではありません。すぐにそのような状態を感じたら、むしろ効果が過剰になっている時ですから、身に着けることや、ヒーリングに用いるのはお休みしましょう。

効果効能の高い石は他にもたくさんありますが、その一部の代表的な石を抜粋しました。

赤い石

赤い石はエネルギーやバイタリティー、セクシャリティーなど人間が生きる力の根源に働くパワフルさを持つ石です。肉体面へのアプローチが大きく、第1チャクラのエネルギーを活性化します。色の波長が一番長く、相手への視覚効果も高い石です。

Stone_001

インカローズ

和名：菱マンガン鉱

セクシャリティーを高め、自信と強い心が湧く「情熱の石」

インカに咲く真っ赤な薔薇と呼ばれたインカローズは、古代インカ帝国時代“まやかしの石”と呼ばれ、この石を胸元につけると目の前の男性は魅了されてしまう、といい伝えられています。天然石の中でもセクシャリティーに特化する力が強い石です。

ピンク色の強いものや、オレンジ色が濃いものなど色の濃淡に幅があります。アルゼンチン産のインカローズは真っ赤で美しいものが多く産出されますが、現在産出量は激減し、希少価値がますます高くなっています。非常に柔らかく割れやすい石で、強い紫外線により退色する性質があります。取り扱いに注意が必要な石です。

肉体的作用

セクシャリティーを高める。フェロモンを活性化し、男女共にホルモンの分泌を促進する。特に女性の気から引き起こされる心身の病気に効果的。

精神や感情面への作用

自信や強い心が湧いてくる。決めたことを達成する勇気や、過去を切り捨て、執着や依存心を捨てる強い心が湧いてくる。性に対する臆病さが取り除かれていく。

このような状態の時にオススメ

セクシャルな魅力に自信がない、育てたい。望むことに恐れず進む勇気が欲しい。他人の目を気にせず自信を持って生きたい。自立した強さが欲しい。

気をつけるべき注意点

感情が先走り、現実とのギャップにイライラする。欲望が先立ち理性的でなくなる。

ガーネット

和名：ざくろ石

情熱や友愛の象徴――目標達成に突き進む闘志が湧く「実りの石」

日本では古くからざくろ石と呼ばれ、広くは中世ラテン語の種を意味するgranatusからガーネットと呼ばれる石です。中世ヨーロッパでは、蛇の毒消しの石として傷口に粉をすり込んだり、飲んだりしたという記述があります。変わらぬ情熱や友愛の象徴、目標達成の実りの石とされ、カレッジリングに用いられることが多い石です。

また10年以上に渡り戦いを続けていたアレキサンダー大王が、この石を肌身離さず持っていたことは有名な話です。

世界の広い地域で採掘することができますが、チェコで産出される、澄んだワインレッドのボヘミアンガーネットが最も良質とされています。

肉体的作用

血液の循環を良くする。老廃物の排出をスムーズにする。精力を高める。

精神や感情面への作用

くじけない心や物怖じしない強さをアップさせる。目標に向かい突き進む闘志が湧き、大切な物を守る意識が高まる。

このような状態の時にオススメ

目標に向けて突き進む強さや勇気が欲しい。信じたことを諦めない気持ちや愛情を持ちたい。情熱を呼び覚ましたい。自己主張する勇気を持ちたい。未来に対し何時もポジティブでいたい。力強い愛情を持ちたい。

気をつけるべき注意点

独りよがりで強引になってしまう。周りの状況が見えなくなる。頭痛が起こりやすくなる。

Stone_003

ルビー

和名：紅玉

生命の根本エネルギーを高め「母から娘に最初に贈る石」

タイ、スリランカを始めインド、ロシア、ケニアなど広い地域で産出されます。語源は、ラテン語の赤を意味するRuberが由来で、加熱処理で発色を際立たせる処方や人工石も多い石です。

情熱的な華やかさで目を奪うルビーは、古来、宝石の女王と呼ばれ、王侯貴族だけが持てる高価な宝石でした。戦場の兵士に勝利を呼ぶ軍神マルスの宿る石だと信じられてきた時代もあります。

またヨーロッパでは、邪を遠ざけ健康と幸運を運ぶ守り石として、母から娘に最初に贈る石といわれます。世界の各地で伝説やいい伝えの多く残る石で、人々がこの石に多大な魅力を感じてきたことがわかります。肉体と精神、両面のエネルギー活性に長け、根本的な生命力の活性を助けます。

肉体的作用

血液の浄化能力や循環を助ける。冷え性の改善。性的高揚感を高める。第1チャクラの生命の根本のエネルギーを気のレベルから高める。肉体に力が湧いてくる。

精神や感情面への作用

漠然とした不安や、具体的な不安の解消。前向きな心への切り替え。自分の魅力を磨いたり引き出す心を高める。

このような状態の時にオススメ

いつも不安感がある。自分を信じられない。自分の魅力を低く評価してしまう。自信がない、同性からの邪視を感じる。華やかな明るさを持っていたい。迷わずに進む勇気を持ちたい。

気をつけるべき注意点

エネルギーを持て余し、ストレスを感じる。自己評価と現実のギャップを感じ、イライラする。周囲の人との温度差を感じやすくなる。

レッドジャスパー

和名：碧玉

大地のエネルギーを投影した穏やかで、落ち着きをもたらす「お守りの石」

インドで多く産出されますが、世界各地で採れる石です。ジャスパーの中でもヘマタイトを含有している赤茶色の石をレッドジャスパーと呼びます。決して華やかな石ではありませんが、自然界の土台や大地を投影したエネルギーで、穏やかで、どっしりと安定感があり、非常に落ち着きのある石です。

ヒーリング的に過剰になるケースも特に見られず、古来から病気による体力低下や、出産時のお守りなどに使われてきた歴史があります。エネルギーに敏感なペットにも有効です。根本的な元気を高めたい時に安心して使える石です。

肉体的作用

体力の回復。体力のアップ。運動力のアップ。快活さ。緊張を緩和する。ストレスを緩和する。体力や未来への不安を軽減する。負のエネルギーから肉体的ダメージをよける力を持つ。

精神や感情面への作用

精神的な落ち着きをもたらす。現状に満足できる許容力が芽生える。ゆったりと不安感のない状態を保つ。

このような状態の時にオススメ

体力に自信がなく何事にも消極的になる。希望や夢が持てない。人のエネルギーに負けてしまう。災難が多い。うっかりミスが多い。人の欠点ばかり目につく。やる気が出ずダラダラしてしまう。人混みで疲れを感じやすい。いつも快活で大らかな気持ちで過ごしたい。お守り的な石を身に着けていたい。

気をつけるべき注意点

特になし。

Stone_005

カーネリアン

和名：紅玉髄

活動的な肉体をつくり、集中力が高まる「勝利の石」

ブラジルやインド、アメリカなど広い地域で産出されます。赤みがかった綺麗なカーネリアンはインドから産出され、第1チャクラを象徴するcamisという、肉を意味するラテン語が語源の石です。

メソポタミア文明の時代には、すでに王族がアクセサリーとして使用していた石で、世界各地の遺跡から装飾品として発見されています。

また、ナポレオンの剣に施されていた石としても有名です。ナポレオンはこの石に力を感じ、肌身離さず、剣を持っていたといわれます。戦士達は、この石を勝利の護符として身に着けたそうです。※アゲートのオレンジ色の部分をカーネリアンと呼びます。どちらかというとオレンジの色味が強い石ですが、生命力を呼び起こす効果の高い第1チャクラに良く効く石です。

※アゲート…縞状の玉髄の一種で、鉱物の変種

肉体的作用

血流を良くし、臓器を活性化する。肉体疲労を早く回復させる。体の熱量を高め活動的な肉体をつくる。

精神や感情面への作用

チャレンジ精神が活性化し、目標に向かう勇気やワクワク感、モチベーションが高まる。達成するための思考力や判断力、集中力が高まる。

このような状態の時にオススメ

ボッーとしていて精気のない人。やる気が出ない人。体力に自信のない人。継続的な目標達成意欲が欲しい人、行動力が欲しい人。失った夢や希望を取り戻したい時。引きこもりがちになっている時。新しく何かを始めたい時。

気をつけるべき注意点

周りとの歩調が合わなくなる。独裁的な感覚が強くなる。過信してしまう。周りを見下す感覚がある。

黒い石

黒い石はエネルギー的に重さのある石で、主に第1チャクラ（恥骨と肛門の間）に効果的です。同じ第1チャクラの石でも赤い石とは逆に鎮めることが得意で、忍耐や根性といった力にキーワードがあります。肉体面より精神面への働きが大きい石です。

Stone_006

オニキス

和名：黒瑪瑙

忍耐力と努力を養い、邪念を取り払う「根性の石」

瑪瑙《めのう》（アゲート）の中でも黒一色の部分をオニキスと呼び、ブラジルを始め世界各地で産出されます。

昔のヨーロッパや中東では、魔女の石、悲しみの石などマイナスイメージもあった石ですが、ヒーリング効果が高い優れた石で、特に達成に至るために現実的に必要な落ち着きや忍耐力、堅実さといった部分に特に有効です。

また、チームや夫婦の長い絆の達成にも有効です。自らを戒めながら着実に生きる守り石です。

肉体的作用

緊張性の肩凝りや疲労感を緩和する。心拍の安定。

精神や感情面への作用

苦難を乗り越える忍耐力や堅実な努力を養う。外からも内側からも邪念を取り払う力をつける。感情の起伏を抑える。地に足のついた精神を育てる。

このような状態の時にオススメ

すぐに諦めて長続きしない。有言実行ができない。いいわけが多い。目標がコロコロ変わる。気分の波が激しい。目先の誘惑に負けてしまう。地に足のついた考え方ができない。人間関係で感情的になりやすい、などコツコツ積み上げる努力が必要な時。

気をつけるべき注意点

一つのことしか見えなくなり、柔軟さに欠ける。人の意見が聞けない。

Stone_007

天眼石

和名：縞瑪瑙

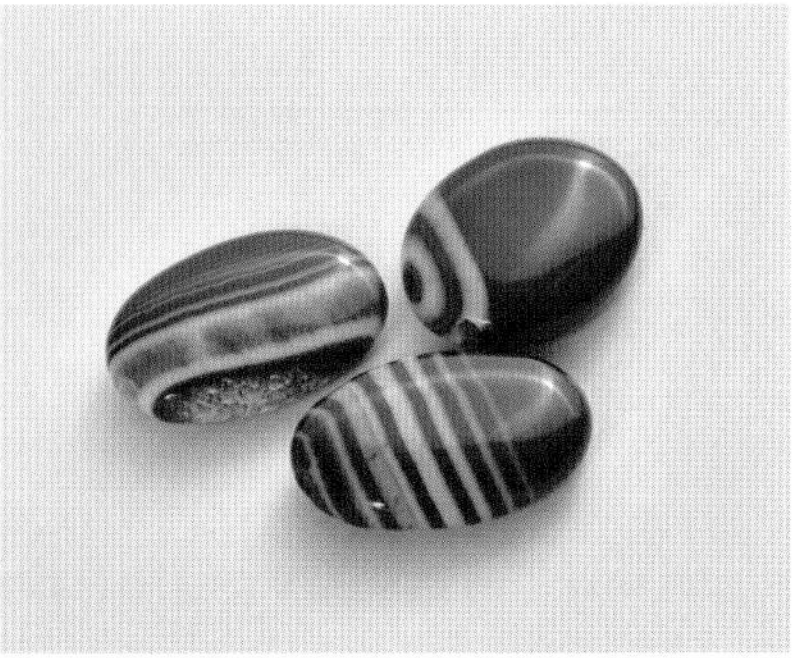

肉体エネルギーを強化し、真理を大切にする心を育む「戒めの石」

別名チベットアゲートとも呼ばれる石で、瑪瑙（アゲート）の中でも黒色などの縞模様が入った部分を天眼石と呼びます。ブラジルをはじめ世界各地で産出されます。ダライラマ14世がつけていたことで有名で、チベットでは法具や護符として古くから用いられています。ヒーリングというより、魔を除ける石としての護符効果の高い石です。

古代中国では「幸運をもたらす石」、古代バビロニア文明では「邪神から身を守る石」と信じられてきました。この効果は、石が守ってくれるというより、自身が常に内省し良いエネルギーを持つことで得られる戒め的な効果によります。

肉体的作用

肉体を囲むエネルギーフィールドを強化し、災いから守る護符的要素がある。肉体の陰陽バランスを整える。肉体の不調の悪循環から離脱する。

精神や感情面への作用

理性や正しさといった精神を強化する。倫理や真理を大切にする心を育む。自分を律し、意思を強く保つよう働く。周囲に対し批判や攻撃的な心を鎮める。

このような状態の時にオススメ

自分をつい甘やかしてしまう。決めたことを守りたい。良き理解者として正しく公平な判断力を持ちたい。散財癖を直したい。計画的に物事を進めたい。地に足の着いた思考を持ちたい。悪い心癖を直したい。

気をつけるべき注意点

自分に厳しくなりすぎて、心に余裕がなくなってしまう。注意深くなりすぎて行動力がなくなる。

ブラックオブシディアン

和名：黒曜石

肉体に受ける負のエネルギーを防御し、思いを増幅させる「強い石」

世界各地の火山帯から多く産出され、溶岩が急速に冷却し固まった物で、非結晶体の天然ガラスになります。一見、真っ黒ですが、シルバーやゴールドの模様やキラキラとした内包物の反射が見えます。ピンクやグリーン、イエローの層が見えるレインボーオブシディアンと呼ばれるものもあり、とても神秘的で魅惑的な石です。内包物により多少ヒーリング効果に違いがありますが、ヒーリング的にこの石は全てが統合した黒と考えられ、全てのチャクラに対応し、直接的に働きかける強いエネルギーの石です。

古代この石を使い、儀式や占いをした記録があります。また、鋭く割れるため、矢じりや短剣としても使われた石です。エネルギーが強く合わないと感じる人も多く、自分との相性を確かめて持つことをお勧めします。

肉体的作用

気の詰まりや滞り、緊張からくる不調を緩和する。肉体に受ける負のエネルギーを防御し、直感力を高める。

精神や感情面への作用

トラウマや良くない執着を手放す。思いを増幅させる。潜在的な負の要素を意識化する。負を手放す勇気や決意が起こる。冷静に物事を見る意識が高まる。

このような状態の時にオススメ

悪習慣や悪縁を切り離したい。自分の問題点を受け止めたい。思いや願いを強くして、早く望みを叶えたい。チーム内の思いを高め合い団結力を強めたい。リーダーとしての資質を高めたい。物事の先行きを見通す力を持ちたい。冷静で落ち着いた状態を保ちたい。

気をつけるべき注意点

自分に起きていることに思考が混乱し処理できない。また、思いが増幅するので、ネガティブな時は持たない。

Stone_009

スモーキークオーツ

和名：煙水晶

邪念や邪気など負のエネルギーを排除する「ヒーリングの基本となる石」

ヨーロッパや中国、ブラジルで多く採れますが、天然で美しいものは少なく、水晶を加熱処理で発色させたものが多く流通しています。元々、この石は水晶中に含まれた微量のアルミニウムが自然の放射線を受けることで茶色に発色したものです。黄色みのある茶色から、ケアンゴームと呼ばれるほぼ黒に近い色があります。

クリスタルヒーリングになくてはならない基本的な石で、第1チャクラにも効果的ですが、主に第2チャクラ（丹田）に効果的です。人間がアンバランスを引き起こしていく根底にある、負の感情の破壊的役割を担う、大変ヒーリング効果の高い石です。また、自らの負の想念を取り除くことで、邪念や邪気、悪い霊的エネルギーをブロックする効果の高い石です。

肉体的作用

邪気全般から肉体を守る。リラックスする。睡眠の質を上げる。病気の際、足元に置くと回復が早いといわれる。

精神や感情面への作用

不安をなくす。マイナスの思い込みを消していくなど負の感情や思い込み、思考パターンを改善する。物事をポジティブに捉える力がつく。

このような状態の時にオススメ

具体的な不安がある。いつも漠然とした不安感がある。物事を悪いほうにばかり捉えてしまう。緊張感が取れない。邪気を受けやすいと感じる。

気をつけるべき注意点

過剰になることで悪さをする石ではないが、強すぎると感じる時は、徐々に慣らしていったほうが良い石。また、鉱物的に熱を加えることで発色するため、ナチュラルな物を選ぶには加熱処理がされていないか確認するとよい。

黄色やオレンジの石

黄色やオレンジの石には、前向きで明るい気持ちにし、閃きや創造性を活性化していく要素があります。主に第2チャクラ（丹田）に効果的です。ワクワクする、ときめくといった思考の伴わない持って生まれた性質を刺激することで、明るく快活で前向きな気持ちが活性化していきます。陽性質の石で、ポジティブさの強い太陽エネルギーの石です。

Stone_010

シトリン

和名：黄水晶

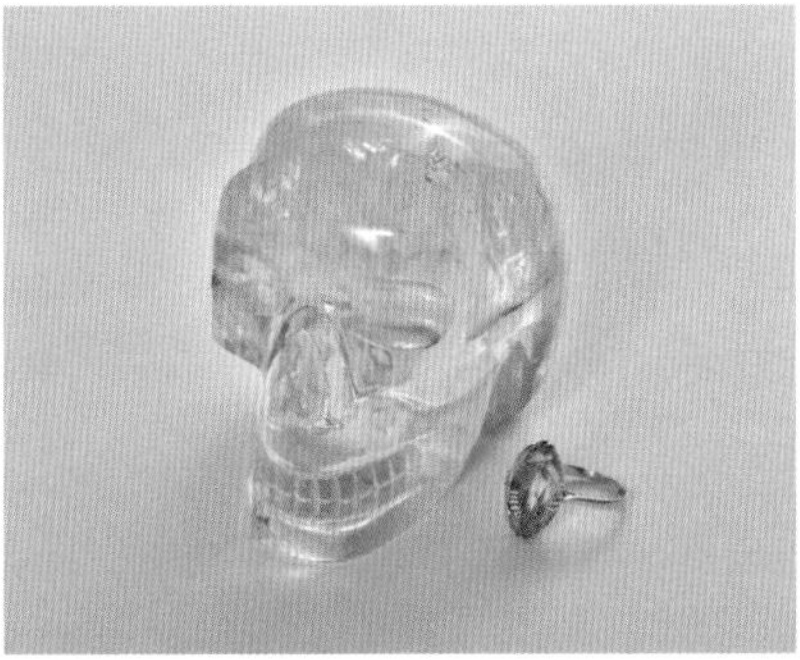

明るく前向きな気持ちになり、良い人脈を作る「未来を開く石」

ブラジル、チリなどから多く産出されます。非常に希少な宝石質のシトリンは、ブラジル、スペイン、マダガスカル、ロシアなどから産出されます。最近ではベトナムからも良質のシトリンが発見されました。

名前の由来は、柑橘果実のシトエンで、古くから商売の繁盛や富をもたらす、金運アップの石として有名です。また、良い人脈を作る幸運の石として大切にされており、自身の中に明るさやポジティブさが広がり、具体的な形で徐々に効果を感じる石です。

肉体的作用

心臓のリズムを整える。健康面全般のサポート。マイナス思考による不調の緩和。

精神や感情面への作用

明るく前向きな気持ち。ポジティブな創造力が活性化する。閃きやワクワクが多くなる。積極的なコミュニケーションを心がけるようになる。

このような状態の時にオススメ

最近ワクワクしない。人とコミュニケーションを取るのが億劫。積極性に欠ける。積極的になりたい。想いを具体的な形にしたい。人脈を広げたい。

気をつけるべき注意点

一つのことしか見えなくなり、他のことがおざなりになる。アイディアが浮かびすぎて飽和状態になる。

Stone_011

アンバー

和名：琥珀

リラックス効果と穏やかな冷静さをもたらす「美しい化石」

主にバルト海沿岸で採掘されます。特にリトアニアやポーランドではレッドアンバーやブルー、グリーン、シャンパンゴールドといった、大変美しいアンバーが採掘され、周辺の国では、アンバーを扱う専門宝飾店が多くあります。

鉱物ではなく、約3000万年以上前の松柏類の植物の樹液が化石化した有機物で、地層に埋もれて固まったピット・アンバー(山琥珀)と、その層が崩壊して海に流れ出したシー・アンバー（海琥珀）と2つ種類があります。

ヒーリング力に優れ、体調面への働きが大きい石です。昔バルト海沿岸では呼吸器や咳止めとして使用されました。欧米諸国では赤ちゃんの歯ぐずりにアンバーが効果的と伝わります。

肉体的作用

ストレス性の生理不順。緊張性の下痢や便秘。体の重さ、気だるさ、浅い呼吸、息苦しさの改善。リラックス効果。自律神経の安定。

精神や感情面への作用

余分な執着心や想念を上手に流せる。気分を安定させる。穏やかな冷静さをもたらす。健康への不安感を緩和する。

このような状態の時にオススメ

緊張しやすく、実労働量以上に疲れる。慢性的な疲労感がある。呼吸が浅く、スムーズな呼吸ができていない気がする。過呼吸になりやすい。
感情を溜め込みやすい。マイナスの出来事に執着があり手放すのが下手である。

気をつけるべき注意点

鉱物的に熱を加え色を濃くしたり、着色したりする処方が施されることが多い。

ゴールドルチルクオーツ

和名：金針水晶

身体の熱量を高め、ポジティブな意識が強くなる「勝負運を上げる石」

ブラジルやオーストラリアから産出されます。見た目の通り金色の針が内包された水晶で、語源もそこから来ています。ゴールドルチルやルチルインクオーツなどと呼ばれますが同じ石です。太い金鉱石が含有されているとタイタンルチルと呼ばれ、綿毛のように含有されるとエンジェルヘアーなどと呼ばれます。

金運や勝負運を上げ、勝利をもたらす効果の高い石です。目標を定めた時に情報を掴み取るアンテナのような役割を果たし、集中力がアップします。漠然と持つより、目標を明確にし、自分の有する能力と共振させるイメージを持つと効果を感じやすい石です。

肉体的作用

身体の熱量を高める。負のエネルギーを寄せつけない。
集中力が増し頭が冴える。情報に敏感になり分析力が冴える。

精神や感情面への作用

閃きやインスピレーション力が高まり、創作意欲、行動する意欲や自己実現の意欲が湧く。ポジティブな意識が強くなり積極性が高まる。意義を向ける者に対し、敏感に反応できる。

このような状態の時にオススメ

思考が飽和状態になっていて考えがまとまらない。瞬発的な集中力が欲しい。選択の目を鍛えたい。欲しい情報を得たい。目標をポジティブに捉えたい。発想力を豊かにしたい。チャンスを掴みとっていきたい。仕事運を上げたい。

気をつけるべき注意点

思考が休まらない。なかなか眠れない、眠ってもすぐに起きてしまう。行動しないといられない。周りとの温度差を感じる。オンとオフの切り替えができない。

緑の石

緑色の石は第3チャクラ（胃の辺り）に良く効きます。一般的なチャクラカラーの概念では、緑は第4チャクラ（ハート）と捉えられることが多いと思いますが、石を使ったヒーリングでは、第3チャクラには緑色の石がよく効きます。周りからのコントロールを受けず、与えず、自分軸を持ち、相手を尊重し生きるためのヒーリング効果に優れています。

Stone_013

ジェダイト

和名：本翡翠

代謝を活発にして五感を高め、生命力をもたらす「五徳の石」

現在流通する本翡翠の多くが、ミャンマーで産出されます。その他、アメリカ・カリフォルニア州、ロシアなど一部の地域で産出されますが、日本でも新潟県、富山県に翡翠海岸と呼ばれる翡翠の採れる地域があります。色とりどりの美しい原石があることから、翡翠（カワセミ）に語源があるといわれます。古くから世界各地で愛され、特に東洋の国で、いい伝えが多く残る石の代表です。また縄文時代、日本で最初に勾玉として用いた石とされています。五徳（仁、義、礼、智、信）を得て、高い人徳の元に繁栄を掴み、持ち主を災いから守り、高い生命力をもたらし、多くの幸せを手にする石とされ、古来より大切にされてきた石です。

肉体的作用

交感神経のバランスを取る。滞留毒素を排出する。新陳代謝を活発にする。疲れ目の改善。

精神や感情面への作用

洞察力や公正さ。穏やかで落ち着いた精神。自己成長意識を高める。己を省みる意識を高める。キャパシティを広げる。五感を高める。危険察知能力を高める。

このような状態の時にオススメ

変化を切り抜ける力が弱い。安定した精神を保ちたい。否定的な考えや一方的な主観を取り除きたい。責任転嫁をしがちである。人徳を得たい。
自己と向き合う勇気と精神を持ちたい。災難や突発的な事故が多い。

気をつけるべき注意点

特になし。

アベンチュリン

和名：砂金水晶

他人に振り回されない自分軸が持てる「ゆとりの石」

インドで美しいアベンチュリンが採れます。特に美しい物はインド翡翠と呼ばれて流通することがあります。また、グリーンアベンチュリンクォーツと表記される物もアベンチュリンになります。よく見るとキラキラと光る物質を含有しており、その光学効果をアベンチュレッセンスと呼ぶことから、アベンチュリンと名付けられました。

比較的安価で手にすることができますが、ヒーリング効果は高く、肉体面にも精神面にもよく働く石です。日常的に悩みの多い人や、精神的な疲労が多い人が気軽に手にできて、効果を得られる石です。

肉体的作用

肉体の狂ったリズムを取り戻す。しなければならないという抑圧による肉体疲労感の緩和。気疲れによる疲労感の緩和。自律神経のバランス調整。自律神経の乱れから来る不調の緩和。ストレス性の胃痛やら胃炎、慢性的な胃の不調の緩和。

精神や感情面への作用

孤独を恐れない気持ち。自分軸を持つ。他人にコントロールされず自分のペースでいられる。問題を客観的に見られるゆとり、落ち着いた判断力をつける。人に対するネガティブな感情を解消する。

このような状態の時にオススメ

何時も人に振り回されている。つい相手にあわせてしまう。相手の顔色を窺って行動してしまう。後悔することが多い。トラブルに巻き込まれることが多いと感じる。役割の重圧に疲れている。自分の考えや生き方がわからなくなっている、または貫く勇気がない。呼吸が浅くゆとりがない。人間関係でのストレスが多い。生活のリズムが不規則で慢性的に疲れている。自分にも相手にも四角四面な思考が働き神経質になりやすい。

気をつけるべき注意点

特になし。

Stone_015

マラカイト

和名：孔雀石

過敏やネガティブからの緊張や不安を緩和する「身代わりの石」

主にロシアやコンゴで産出されます。日本では孔雀の羽の蛇目に似ていることから、孔雀石と呼ばれてきました。

この石は、身代わりになって持ち主を守るといういい伝えが日本を始め、ヨーロッパにもあります。身代わり石と呼ばれ、持ち主だけが感覚的に受け取ることができる特殊なエネルギーを持つ石ともいえます。強く高い護符力を感じる石でもありますが、癖もあり、その時々で効果の感じ方や受け取り方に大きな差を感じる人も多くいます。ヒーリングにおいては、ヒーリングの進行がスムーズにいかない時に使う、頓服的な位置付けの石です。代わりになってくれる石なので大切に扱わなければならない、という古くからのいい伝えが残る石ですので、小まめに手入れをしましょう。長く守り石として活躍してくれます。目のハッキリ出た石を選ぶとより高い効果を感じます。

肉体的作用

霊的な影響での肉体不調や疲労感の回復。肉体感覚のコントロール。肉体を囲むオーラボディの強化。動悸や息切れの改善。

精神や感情面への作用

人の思考や意識に対する過敏、ネガティブ思考、過去への執着心、嫉妬心、依存心、人や物事への懐疑心、対人関係の緊張や不安感の緩和。

このような状態の時にオススメ

イジメの対象になっている。嫉妬の対象になっている。様々なハラスメントの対象になっている。自分は不運だと思う。自分を信頼できない。直感や五感を鍛えたい。霊的な良い力を取り入れたい。不安緊張症を解消したい。堂々と自分らしくありたい。強力な護符石を持ちたい。

気をつけるべき注意点

自己世界に閉じ籠りがちになり、他人を受け入れたくなくなる。霊的な感覚が怖くなる。

エメラルド

和名：翠玉

癒しと慈しみを育む精神をもたらし、真の幸福を得る「叡智の石」

コロンビアのムゾー鉱山から多く産出されます。サンスクリット語の緑色の石、スマラカタが世界の言語を経由し、最後はフランス語のエスメラルドがエメラルドとなったようです。不透明な物から透明度が高い物、色の濃淡も様々ですが、透明度が高く美しい物は、世界四大宝石の一つとして、クレオパトラを始め多くの王族に愛されてきました。ベリルグループに属する鉱物ですが、産出量は極めて少なく、その中でも宝石質の物は結晶も小さく貴重です。人が真の幸福を得るために必要な叡智をもたらす石で、その効果は人それぞれ幅広いものです。特に愛情面において効果的とされ、幸せな結婚の象徴の位置付けをする国もあります。実際ヒーリング後の効果として、愛情の基本的な概念に変化を感じることが多い石です。愛情というとハートのチャクラのイメージが強いですが、エメラルドは愛に対する自己のスタンスの確立への効果が高い石です。

肉体的作用

肉体のエネルギーレベルでの癒し。胃の重さの解消。喉の詰まりの解消。呼吸器を楽にする。

精神や感情面への作用

これまでになかった思考パターンが出てきて、一段階上のレベルで物事が考えられる。パートナーシップにおいて、依存、執着、嫉妬がなくなり、自分なりの基準やスタンスが持てる。感情の起伏が少なくなる。ヒステリックな感情がなくなる。慈しみ育む精神が向上する。

このような状態の時にオススメ

愛情関係に不安感が強い。他者との関係に一喜一憂し気分が振り回される。家族や恋人のことになると平常心を失う。自分の智慧で解決策が見つけられない。人や物を大切に育て愛する精神を持ち高めたい。寛容的でありたい。

気をつけるべき注意点

愛情の向く対象に過干渉になる。愛情に対する理想が高まりすぎる。相手への期待が大きくなりすぎる。

ピンクの石

主に第4チャクラ（ハート、感情）に有効に働きます。優しさや愛に関わる石が多く、自分を大切にすることや、相手を愛することの大切さの本質に気づいていく効果が高い石が多いです。人生を歩む上で基本となる、全てに対する愛の概念の気づきを学び取り、変化変容をサポートします。

Stone_017

ローズクオーツ

和名：紅水晶

自他を純粋に愛し大切にする心と精神を育み「愛の循環を促す石」

ブラジルやマダガスカル島で多く産出されます。紫がかった色が濃く美しいローズクオーツはディープローズクオーツと呼ばれ、マダガスカル島で採れます。名前の通り、薔薇色のクオーツが名前の由来で、日本では紅水晶などと呼ばれます。

恋愛成就の石として名高いですが、この根底にあるのは、まず自分自身の現在も過去も肯定し、受け入れる力を持ち、自らも他者も純粋に愛し大切にする心と精神を育んでいくものです。その精神と自己が完成した時に、本当の良い愛の循環が生まれます。ペンダントとしてハートのチャクラ(胸の真ん中辺り)に直接触れるように着けるのがピンポイントで良いですが、胸苦しさを感じるならブレスレットや他のアクセサリーで身に着けると緩和されます。

肉体的作用

内分泌系の働きを良くする。血色、肌の弾力を良くする。

精神や感情面への作用

過去のトラウマからの脱却。自己肯定感を育む。新たに前に進む気持ちを生む。自分を磨くことに時間を使う気持ちが芽生える。自分の感情を優先することに価値観が高まる。

このような状態の時にオススメ

自分の価値観が見出せない。身近な人に依存や執着、ジェラシーがある。度々過去のトラウマに苦しむ。いつも自分を大切に想うことを忘れないようにしたい。

気をつけるべき注意点

自分を肯定していくプロセスで、起こる感情を受け取れない。自分に対する肯定感が低いと苦しさを感じる。

モルガナイト

和名：モルガン石

慈愛が芽生えて見守る精神が高まる「無条件の愛の石」

1911年にマダガスカル島で発見された石で、現在、最大の産出地はブラジルのペクマタイト鉱山ですが、アメリカ、イタリアでも産出されます。発見当時、宝石学者であり、ティファニーの副社長だったクンツ博士によって、ストーンコレクターであり、ティファニー社の宝石を大量に保有する銀行家、JPモルガンの名前にちなみつけられました。ベリルグループに属する石で、ピンクベリルと呼ばれることも多い石です。

この石を一言で表すと＜無条件の愛の石＞です。ヒーリングにおいてその愛は、女神の領域ともいわれるほど、高貴で純粋なエネルギーの石です。この石をつけると、どんな女性にも女神の領域の扉が開くといわれ、受け入れ難いことさえ受け入れ、慈愛が芽生え、自分自身も癒されていくという、第4チャクラをサポートする素晴らしいヒーリングストーンです。

肉体的作用

血色、肌荒れ、髪の艶、身体の緊張、不安定な睡眠の改善。

精神や感情面への作用

相手を尊重する気持ちが強くなる。関係性の距離感が上手になる。見守る精神が高まる。手放す勇気が持てる。愛は条件ではないという純粋な気持ちが芽生える。

このような状態の時にオススメ

愛するが故に苦しい状態である。子離れできない。家族や恋人に過干渉になってしまう。自分の枠に相手を収めないと不安になる。愛情を捉える時に条件を優先してしまう。本当の愛がわからない、人を愛せない。どんな時も、大切な人を無条件に愛する心と精神を持っていたい。家族や恋人など愛情関係に期待や理想が強い。愛情の悩みが多い。

気をつけるべき注意点

特になし。

Stone_019

クンツァイト

和名：リチア輝石

不安定とストレスを緩和し、自由意志と自己表現をサポートする「ハートと思考をつなぐ石」

ブラジル、アフガニスタン、アメリカなどで産出されます。クンツァイトという名前は、ティファニー社の副社長だったクンツ博士の名前に由来します。リチア輝石の中でライラックピンクの物を指します。劈開性があり、一定方向に割れる性質を持ちますので、取り扱いには注意が必要です。

ヒーリングに使用する時は、感情と思考を繋げていくローズクオーツとモルガナイトによるヒーリングを大きくサポートする石でもあり、そもそもの自分を取り戻していくためのサポート力の強い石です。

これまで、自由意志で物事の決断をする機会が少なく、他者の考え方の擦り込みが強かった方には特にお勧めです。日常生活の中で、自由意志と自己表現する力を大きくサポートをします。

肉体的作用

エネルギー不安定による偏頭痛や肩こり、背中の張り。生理不順。日常生活でのストレスの緩和。

精神や感情面への作用

感情を安定に導く、直感を信じる気持ちが芽生える。潜在意識下のトラウマの改善。人と比べてしまう心癖の改善。自由意志の大切さへの気づき。自己責任の精神の強化。相手を尊重する精神の向上。

このような状態の時にオススメ

決断力がない。自由意志で決断するのが怖い。不安である。自分の本心がよくわからない。思考で理解しても感情が一致しない、または感情に思考が合わせられない、といった感覚の不一致。後から後悔することが多い。人に対して批判的な気持ちが多い。自分で決断する勇気と責任と力を持っていたい。

気をつけるべき注意点

特になし。

ピンクコバルトカルサイト

和名：コバルト方解石

滞りを改善し、ポジティブなエネルギーが新しい自分を作る「再生の石」

スペイン、モロッコなどで産出されます。その名の通り、コバルトを含有するカルサイトが名前の由来です。鮮烈なピンク色はコバルトを含む発色によるもので、まるで染色したかのようなビビットなピンク色です。

思考の悪循環を断ち、ポジティブな思考パターンに変換するのが得意な石です。特に根底に幼少期の経験が関わる場合に有効ですが、自覚がないケースでも、カルサイト特有の断ち切っていくエネルギーと、ビビットなピンクのポジティブなエネルギーが新しいパターンをつくっていくサポートストーンです。アクセサリーになることは少なく、第4チャクラに置いてヒーリングに使うと良いでしょう。スモーキークオーツと一緒に使うと効き目が穏やかです。

肉体的作用

気怠さの改善。エネルギーの滞りの改善。エネルギーレベルの不調の改善。

精神や感情面への作用

今と過去は違うという新しい視点を持つ。古いものを捨て新しいエネルギーを取り込もうという前向きな気持ち。自分には愛される価値があるという晴れやかな気持ち。溜め込んだ想いを整理する気持ちの芽生え。

このような状態の時にオススメ

自暴自棄になっている。人を信じたくない。心が荒れている。どうせ自分は上手くいかないと感じている。自分に対する引き下げ心理がある。何時も孤独感がある。一つのことに執着し気持ちが切り替えられない。過去ばかり振り返ってしまう。新たな気持ちで前を向いていきたい。閉塞的な気持ちを開放したい。人とおおらかにつき合いたい。過去に捉われずいつも前を向いていたい。

気をつけるべき注意点

新たな気持ちに移っていく際に、一過性の苦しい気持ちや悲しい気持ちになることがある。

青い石

青い石は、冷静な判断力や表現力に関わる効果が多いのが特徴です。主に第5チャクラ（喉の窪み）に対応します。ヒーリングが起こる際、喉は肉体的に非常に敏感な場所です。むせ込みや喉の締めつけ感など、自覚できる不具合が起きやすいため、そのような症状が表れた場合は、同じ青い石の中から直感的に違う石に変えてみましょう。

Stone_021

ラピスラズリ

和名：瑠璃

超感覚的能力を開花させ、見極める力をサポートする「ファラオの石」

世界一の鉱山はアフガニスタンにあり、古代オリエントの王達が愛したラピスラズリが採られていた場所です。

現代においては、ロシア、アメリカ、ミャンマーなどでも産出されます。世界各地の歴史や文化背景に繋がりのある石でもあります。

金色のパイライトが点在する物は高く取引され、昇るように含有する物を昇龍紋と呼び、さらに価値が上がります。第6のチャクラ（サードアイ、眉間）にも効果的です。

肉体的作用

男性特有の鬱の改善。ESP 的能力（超感覚的能力）の開花。心拍の安定。視力、聴力の向上。分析力、判断力の向上。

精神や感情面への作用

自分の意思表示を明確に表現する勇気と自信。臆することのない強い心。孤独を恐れない精神。ベストな選択を心がけ、何事にも強い意志と表現と冷静な判断力で生きるサポート。

このような状態の時にオススメ

人前での緊張をなくしたい。強い精神で前に進んでいきたい。冷静に客観的に物事を見極める力が欲しい。周囲からの邪視や邪念を跳ね除けたい。統率力を得たい。上手な表現力と語彙力を得たい。自立した精神でパートナーシップを築きたい。どんな時も誇りを失わずにいたい。

気をつけるべき注意点

ベストな状態になるための変化についていけない。身に起こることが何のために起こるか理解できない。言葉の語彙がきつくドライになる。

ラリマー

和名：曹珪灰石

苦難の時代を感謝と幸せにつなげる「愛と平和と癒しの石」

ラリマーと呼ばれるブルーペクトライトが産出されるのは、世界で１箇所、ドミニカ共和国に在るパオルコ村のみです。発見者の娘の名前ラリッサとスペイン語の海を表すマールが名前の由来といわれ、正確にはラリマールになります。

平和な青空や、美しく穏やかな海を映したようなラリマーは、見た目そのまま、愛と平和と大きな癒しの石として人気が高いですが、ヒーリング的には溶岩の赤い時代を超えた青という概念があり、怒りや苦難といった体験を経た後に、大きな癒しをもたらす石です。苦難の時は辛いものですが、その傷や経験は本来、今の幸せに気づき、幸せの純度を高くしてくれるものでもあります。

この石は特別なことが起こるというより、苦難の時代の経験を負の感情ではなく幸せに繋げてくれる深いヒーリングストーンです。第５チャクラをスムーズにし、第４チャクラの緊張を取ります。亀の甲羅のような模様が色濃く出るものが良質なラリマーとされます。

肉体的作用

心身の深いリラックス、安眠、スムーズな呼吸。

精神や感情面への作用

トラウマによる悪い妄想や思い込みを外す。予期せぬ時に出てくる怒りや偏見が薄れていく。当たり前に享受されている幸せに気づいていく。感謝の精神が増えていく。穏やかな感情が多くなる。平和的な精神が高くなる。発言や言葉が穏やかになる。

このような状態の時にオススメ

度々、過去の怒りや悲しみが出てきて感情的になる。過去を流し新たな気持ちで進みたい。人を受け入れる許容力をつけたい。これからの人生を穏やかな気持ちで暮らしていきたい。

気をつけるべき注意点

基本的に過剰になることのない穏やかな石だが、偏見や差別、争いといったことに過敏になり、感情が追いつかない場合がある。

Stone_023

アクアマリン

和名：藍玉

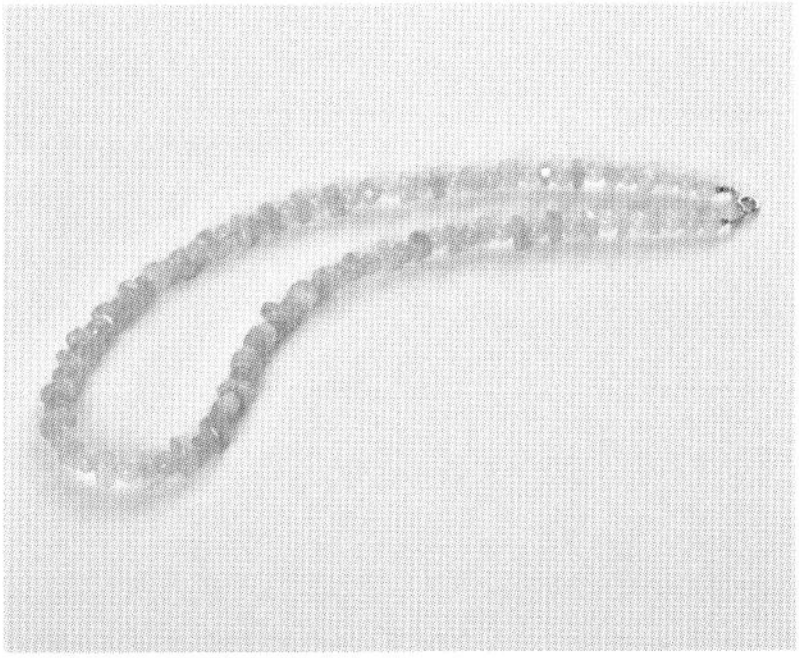

想いを言葉にし、素直に伝える心が生まれる「コミュニケーションの石」

主にブラジル、マダガスカル、ナイジェリア、インドなどから産出されますが、圧倒的にブラジルからの産出量が多い石です。近年アフリカのモザンビークで産出されるアクアマリンの中から、色濃く良質な物が採れ、サンタマリア・アフリカーナと呼ばれ高額で取引されます。名前の由来は、海の意味のアクアと水のマリンを組み合わせアクアマリンと呼ばれるようになりました。ベリルグループの石で、古代遺跡からもこの石のネックレスが発見されており、マリーアントワネットをはじめ、多くの貴族の女性達に愛された石です。蝋燭の炎に美しく反射し、月の光にも美しく反射する、夜に光る幻想的な石です。マタニティーブルーやマリッジブルーによく効く石として、結婚する友達に送る風習や遠距離恋愛の恋人や夫婦を守る石などいい伝えが多く、古来からこの石が愛されてきたことがわかります。全般的にコミュニケーション能力を大きくサポートします。

「ごめんね」や「好き」がいえない人にはぴったりの石です。

肉体的作用

浮腫、疲れ目のサポート。不安から来るストレスの緩和。喉の詰まりの解消。

精神や感情面への作用

素直な心が生まれる。素直に伝える心が生まれる、できるようになる。思考のない純粋な感情が強くなる。想いを言葉にする変化に柔軟な心が生まれる。自分は安全であるという安心感が生まれる。考えすぎがなくなる。言葉上手に対する良い意識が生まれる。

このような状態の時にオススメ

表現することに足かせがある。ジレンマの中にいる。方向性に迷いがある。不安がある。パートナーとの関係に素直になれない、愛情表現が苦手である。シャイで上手く言葉が出ない。何時も純粋で素直な状態で人と関わりたい。未来に明るいイメージを持ち続けたい。言葉のチョイスが上手くなりたい。

気をつけるべき注意点

自分ばかり喋りすぎてしまう。ピュアで素直すぎる表現が多くなり、相手の状態や周りの状況を察せない。

セレスタイト

和名：天青石

天使の寝床といわれる、私達を癒すためにやってきた「天国の石」

イタリア、マダガスカル、メキシコなどで産出されますが、その中でもイタリアのセレスタイトは濃い空色の大変美しい結晶が採れます。空色の石を意味するラテン語で天国を表すcoelestisが名前の由来という説や、大空cerestialcelestialから来ているなど諸説あります。

この石はクリスタルヒーリングにとって、第5チャクラのヒーリングになくてはならない石です。なぜならヒーリングが起きていく過程において、むせ込みや咳き込みが起こる人は大変多く、その際にこの石を喉に置くと嘘のように咳き込みが止まります。

このように最終的なヒーリングのサポートに大変優れた石です。このヒーリング力から天国はこの石でできている、天使の寝床、などともいわれる大きな癒しの石ですが、硬度が低く劈開性を持ち非常に割れやすいため、アクセサリーに研磨するのは困難な石です。

肉体的作用

肉体全体の休息。精神的疲労の回復。ストレスの緩和。安眠。喘息、喉の詰まり、むせ込みや咳の緩和。口内炎や喉の渇きの緩和。心拍の安定。

精神や感情面への作用

精神的な無条件の癒しが起こる。自分への許しの心が生まれる。うらみつらみの感情が薄れていく。自分を大切に慈しむ感情が濃くなる。漠然と守られている感覚が起こる。現実だけに捉われない高次の視野や精神が生まれる。心身が浄化されていくイメージが持てるようになる、慈愛の心が濃くなったり持てるようになる。

このような状態の時にオススメ

孤独感がある。突然寂しくなったり悲しくなる。本来の自分から遠ざかっている気がする。手放したい過去やトラウマがある。自分の中に理解できないブロックがある。自分の中のネガティブなものを全て洗い流し、リフレッシュした状態に変わりたい。

気をつけるべき注意点

過剰になることは基本的にないが、ヒーリングのスピードが早く、突然感情が溢れ出す。涙が出るといった場合は静かに呼吸を整え、焦らずにヒーリングが終わるのを待つこと。

バイカラー

バイカラーの石とは、一つの結晶に何色かの色合いを持つ鉱物で、バイカラートルマリンやマルチカラーフローライトなどが代表的な石です。バイカラーの石は、肉体面、精神面に溜め込んだエネルギーを、スムーズで穏やかに上手く浄化します。大きな違和感を覚えることもない石なので、誰でも安心して持てます。

Stone_025

マルチフローライト

和名：蛍石

思考が柔軟になり、多次元力を持つ「目的達成の石」

イギリス、アメリカ合衆国、カナダ、中国などから産出されます。フローライトの中でも多色のグラデーションカラーを持つものを、マルチフローライト、パーティーカラーフローライトなどと呼びます。

フローライトはラテン語の流れるという意味のフロールが由来です。特にヒーリングに慣れていない人や物事を直視する準備ができていない人にとって、働き方が穏やかでヒーリングで起こるプロセスを受け取りやすくなります。

全般的に多次元力を持つ石で、本来の目的を達成するための様々なサポートをする石です。硬度が低く割れやすいので、取り扱いには注意が必要です。

肉体的作用

頭の疲れ（思考疲れ）。集中力のアップ。イメージングの助けやビジョン化力のアップ。安眠。

精神や感情面への作用

思考が柔軟になっていく。物事を大きな視点で見られるようになる。本来の感情をブロックする思考を流せるようになる。迷いを吹っ切る精神が芽生える。目標達成の意欲が湧いてくる。地道な努力が成功の元だという精神が強まる。

このような状態の時にオススメ

目標を定めても他に気を取られて集中できない。物事を建設的に考えるのが苦手。イメージ力がない。瞑想などの精神集中の助けが欲しい。目標に迷うことなく進みたい。思考のオンとオフを上手く使えるようになりたい。夢や希望を邪魔する思考を取り除きたい。いつもフレッシュな気持ちで前向きでありたい。

気をつけるべき注意点

鉱物的に硬度が低く、大変割れやすい性質を持つ。

紫の石

主に第6チャクラ（眉間）や第7チャクラ（頭頂部）に有効に働きます。また胸と喉の中間にある、4と2分の1のチャクラと呼ばれるチャクラにも効果的です。この色は高貴なエネルギーを持つ石が多いのが特徴です。主に精神性のサポートがあります。

Stone_026

アメジスト

和名：紫水晶

精神性を高め、自分に誇りを持って生きる力をサポートする「知性と誇りの石」

ウルグアイからは結晶が細かく色の濃い美しいアメジストが産出され、マダガスカル島からはパステル調のラベンダーアメジストというアメジストが出ます。日本でも加賀紫と呼ばれる濃い紫色をした美しいアメジストが少量採れます。語源はギリシャ神話に由来し、美少女の化身の石とされます。この石を置くと良い人だけが来訪する、良い仕事だけがやってくる、また、女の子がいる家にこの石を置くと、心身共に美しく健やかに育つ。アメジストのグラスでお酒を飲むと悪酔いしない、などいい伝えや伝説が多く残る石です。ヒーリングの概念として、知性の青と情熱の赤が統合した色の石と捉えられます。

肉体的作用

肉体の各部位の重さ、皮膚疾患、神経性痙攣、緊張性の動機や息切れの緩和。

精神や感情面への作用

自分に誇りを持って生きる精神。知性ある言動。行動の心がけを高める。またその精神を伝えたいと感じる。自分を大切に育む心が強まる。大きな視点を持てるようになる。

このような状態の時にオススメ

ヒステリックな人。陰口や悪口、噂話が多い人。一方的なジャッジメントを安易に口にする人。他人の状況を尊重できない人。内面の美しさに磨きをかけたい人。周囲の人にとって誇りある存在でいることを心がけている人。嘘のない人生を送りたい人。

気をつけるべき注意点

何もかもがくだらなく見え、周囲の人達を低く見てしまう感覚が起き、感情に精神が追いつかない時がある。

チャロアイト

和名：チャロ石

現実と向き合い、意識の向上と高い精神性を得ていく「気づきの石」

三大ヒーリングストーンの一つとして名高い石です。シベリアのチャロ川流域で発見された石で、ベルベットや油絵の様な独特な質感を持ち、産出地のロシア語のCharo(誘惑)という意味も持ちます。紫色がマーブル状に織り重なった風合いは、マイクロクリンやエジリンなどが、チャロアイトと混ざり合ったものです。透明のシリカが含有されていることもあり、エンジェルシリカと呼ばれます。ベストなタイミングで用いることで、大きな良い変化が訪れる石です。

肉体的作用

肉体的エネルギーの向上。肉体に停滞したエネルギーの浄化解毒作用。肉体的な不調の回復力を高める。

精神や感情面への作用

周囲からの信頼や人徳を得るように促す。不安やマイナス意識を取り払い、精神性を上げる意識が高まり調和への意識が目覚める。自分自身に気づく力を強め、大きな心の浄化や癒しに至っていく。

このような状態の時にオススメ

自ら人生を切り拓く勇気を持ちたい。現実に向き合う力が欲しい。トラウマを克服し、新境地を切り拓きたい。これまでの自分の悪い部分と向き合い、良い変化を起こしたい。

気をつけるべき注意点

この石を持ってから心身が不安定になった、と感じる人も多い。ある意味、究極の幸せに至るためのプロセスが起こるので、向き合いたくない部分が浮き彫りになってくることがある。

スギライト

和名：杉石

オーラボディを浄化し、心を良い変化に向かわせる「三大ヒーリング石（ストーン）」

スギライトは1944年に、愛媛県岩城島で日本人によって発見されました。日本の他、南アフリカでも産出されます。発見当初は既に存在する鉱物だとされていましたが、1976年に新鉱物と認定され、発見者の師である杉健一教授の名を取り、スギライトと命名された石です。

第6のチャクラとダイレクトに調和する石で、ヒーリング力のかなり強い石です。三大ヒーリングストーンの一つといわれますが、他の石と少し異なるアプローチをする石で、内部と共振して効き目を表すというより、肉体を囲むパーソナルなエネルギー体の不純物を取り除き、肉体に一番近いエーテル体の詰まりを解消することで、肉体の持ち主のもともとのエネルギーを綺麗にして本来のパワーを取り戻し強化するというものです。

それにより、様々なエネルギーレベルの障害を取り除き、さらにバリアを張った純粋な状態から純度の高いヒーリングが起きていく石です。この石は持ち主が良い変化に向かう心持ちに連動します。

肉体的作用

肉体、オーラボディの強い浄化。偏頭痛が起こりにくくなる。心理的な要因で起こる不安定な心拍の状態の緩和。

精神や感情面への作用

より良い理解の仕方ができるようになる。持ち主にとって正しい理解ができ、怒りのイメージが湧かなくなる。新しい視点が持てる。ポジティブなイメージが持てるようになる。マイナスの思い癖がなくなっていく。間違った記憶が塗り替えられていく。景色が変わっていく感覚が起きる。周囲に対する尊重の精神が高まる。

このような状態の時にオススメ

他人から刷り込まれた思い込みが多いと感じている。理由のない体調不良が多い。他人の評価と自己評価に差がある。怒りやうらみつらみの感情から解放されたい。病気や不調和から学びを得たい。過去の苦い経験を糧にしたい。純粋な今の理解と判断力を持ちたい。

気をつけるべき注意点

色の濃いスギライトに強すぎる感覚が起きる時は、薄い色を試してみる。本来の自分のエネルギーを取り戻すという強い意志を持つこの石の効果は、持ち主との調和に比例することを忘れないように。調和する時に強いヒーリングが起きていく。

透明な石

無色透明の石は、主に第7チャクラ（頭頂部）に効果的に働きます。色がない石は、光の反射による色彩としての認識よりも、澄んだ水のように純粋でピュアなイメージと、一方で何にも染まらない強さを感じる人が多いようです。透明な石に代表される、水晶（ロッククリスタル）やダイアモンドにも、その二面性が見られます。

Stone_029

セレナイト

和名：透石膏

壮大なスケールで
ヒーリングが起きていく
「目覚めの石」

メキシコやアメリカから多く産出されます。月の女神セレーネを語源に持ち、マリア様が浮かび上がるマリア様の石とも呼ばれました。

セレナイトは、その姿そのままのファンタジー感溢れるエネルギーを持っています。時空を超える癒しの石という考えがあり、この石で瞑想したり、身に着けたりとヒーリングに使うと、持ち主の情報を得て、壮大なスケールでヒーリングが始まるといったイメージです。そのため、この石に限っては持ち主が決まったら、他の人のヒーリングに使用したり貸したりしないように気をつけましょう（パーソナル化しない範囲なら大丈夫です）。

肉体的作用

深い眠り。行動力。気を鎮める。リラックス。

精神や感情面への作用

感情が落ち着く。気を取り戻す。閃きやときめく感情が増える。自己に正直でいる精神が強まる。悩みや迷いに真っ直ぐに向き合う気持ちが強まる。漠然とした根本的な安心感が生まれる。自立した精神が確立されていく。自己のバランスを取るための、ヒーリングやアーシングなどの目覚めといったワークへの興味が深まる。

このような状態の時にオススメ

自分の人生に曖昧さを感じる。もっと違う人生があるのではないかと感じている。何をしてもときめきがない。夢中になれる時間がない。このままの人生で終わりたくないと感じている。マインドフルネスな状態を上手につくれるようになりたい。

気をつけるべき注意点

1度でも自分のためのヒーリングストーンとして使ったら、自分専用ストーンとして使用すること。

ロッククリスタル

和名：水晶

肉体的作用

肉体、精神、感情、全ての面において、状態を元の正しいバランスに戻す。直接当てることで頭痛を始め、様々な痛みを緩和する。血流を良くする。浮腫を改善する。肉体の様々な伝達機能を正常化する。細胞やミトコンドリアの働きを助ける。免疫力を上げるなど生命力の基盤となるエネルギー全般を助ける。

精神や感情面への作用

感情が落ち着く。感情の起伏がなくなる。感情面全般の安定。精神的な滞りの改善。

このような状態の時にオススメ

感情の起伏が激しい。不安やモヤモヤ感があるなど感情面全般を安定させたい。肉体、精神、思考の全てにおいて何時も安定したベストな状態でいたい。

気をつけるべき注意点

特になし。

常に安定したは波動で生命力の基盤となる「壮大なヒーリング石(ストーン)」

地球の中に多く存在する珪素を核とするシンプルな素材の鉱物ゆえに、世界中に存在していますが、流通のおよそ70%がブラジルからの産出です。次にヒマラヤ流域のインド、ネパールなどが流通のほとんどを占めます。アメリカのアーカンソー州で産出されるガラス質の美しい水晶も有名ですが、流通量としては僅かです。近年、コロンビア産のさらに美しい水晶が流通を始め高額で取引されています。

水晶は日本における呼び名で、古くは精霊が宿る水精石と呼んだことが由来といわれます。また、世界のマーケットでは、基本的にクリスタルと呼ばれ、語源は透き通る氷を意味するクリスタロスが由来だといわれます。水晶に関しては、特徴や産地による

ガラス質の照り艶が美しいブラジル・ゼッカデソウザ産のスターブラリークラスター。

個体差で、ガーデンクオーツ、ファントムクオーツ、レムリアンシードクリスタル、マニカラン水晶、ガネッシュヒマールなど別の呼称が非常に多いのも特徴ですが同じ鉱物です。また、水晶は科学的に深い研究が続けられていて、細かい分析データを多く持つ鉱物ですが、パワーストーン界では、基本情報の誤認識による発信が当たり前のように存在しているという一面もあります。

人々は、古来より色のついていないこの石に特別な力を感じていたようです。治療といった現実的なことから、未来を予測する石といったスピリチュアルな場面に幅広く使われてきました。現代においては、水晶デバイスに代表されるように、文明社会に欠かせない鉱物として、産業の塩と呼ばれています。水晶は浄化の石といわれますが、その効果の根本的な説明はP.65をお読みください。

ヒーリングにおいて水晶は過剰なことはせず、常に安定した波動で、肉体面、精神面において本来の元気な状態に整えます。それによる効果は幅広く、結果、望む未来を手にするという、壮大なヒーリング効果が謳われる鉱物なのだと思います。様々な場面で是非、信頼して使用してください。また、産地や形状によって感じるエネルギーに特徴があったり、強い護符的エネルギーを感じることがあるのも不思議な魅力の一つです。他の鉱物の浄化力にも物理的には水晶クラスターの右に出る鉱物はありません。

これは水晶が乱れた波動を調整し、安定したフラットな状態に常に導くという、物質の持つ運動エネルギーによるものです。それゆえに信頼のおける浄化力を持つということです。また天然水晶で作られた細石でも同様の効果がありますが、細石は本来の姿がわからないため、天然であることを確認しましょう。

Stone_031

パパゴアイト

和名なし

最善の選択で平和に導くパパゴ族の石

水晶の内包物として採掘されることが多い青い鉱物で、コレクターの間ではこの石を一度手にしたら手放してはいけない、といわれる希少石です。聖地を後にし、平和を選んだインディアンパパゴ族に由来しています。執着を手放し混乱を鎮めて最善の選択をする手助けの石です。自らを平和の領域に導く素晴らしい石です。

Stone_032

ブラックトルマリン

和名：鉄電気石

ストレスエネルギーをクリーンにする石

大量の鉄を含み、日本では鉄電気石と呼ばれてきました。一見、無骨な感じの石ですが、周りに存在する目に見えないエネルギーをクリーンにする働きが強く、この石を身に着けていると心地良さを感じる人が多い石です。エネルギーストレスが多いシーンや環境の悪い場所で身に着けると良いでしょう。電磁波の強い場所でもお勧めです。

Stone_033

テクタイト

和名なし

霊性を上げて信念を持つ石

テクタイトには様々な種類があります。写真はチベタンテグタイト。鉱物的に全ての解明は成されていない石ですが、隕石が落下した際に地球の物質と融解してできた天然ガラスという見解が有力視されています。小さなことに囚われず大きな視野を持つことや、本当の正しさに信念を持つことなど、霊性を上げていくために役立ちます。自己ヒーリングにとても良い石です。表面の凸凹は飛翔痕でデインブルと呼ばれます。

Stone_034

サードオニキス

和名：赤縞瑪瑙

流れるように力強く生きるための石

オレンジカルセドニーの一種で、白い縞模様の部位を指します。夫婦円満に良いといわれます。乗り越える力や諦めない精神、こだわりを捨てて流れるように力強く生きるためのサポートをしてくれる石です。

Stone_035

オレンジカルサイト

和名：方解石

明るくポジティブになるコミュニケーションの石

オレンジ色のカルサイトです。カルサイトは割れた断面が必ず菱形を示す強い劈開性の石で、カラーが豊富です。その中でもオレンジ色は太陽エネルギーを持ち、温かく軽やかで、持ち主の感情や思考をポジティブに変えていくサポート力に優れています。深く考えて思考が変わるというより「まぁいいか！」という気楽な気持ちになる石です。グループの集まりなどで中心に置くと、明るくポジティブなコミュニケーションに役立ちます。

Stone_036

オーキットカルサイト

和名：方解石

挫折を乗り越え前進する石

オレンジカルサイトと非常に似た石ですが、オレンジカルサイトがポップなイメージだとすると、オーキッドカルサイトはそこに力強さが加わります。挫折を乗り越えて前進し、気持ちを明るく切り替え、過去を振り切って明るく進むサポートに役立ちます。

Stone_037

タイガーアイ

和名：虎目石

見誤らない選択の目を鍛える石

日本では虎目石として古くから認知されてきた石です。仕事運、金運アップの効果が有名ですが、この石の特徴は見誤らない選択の目を鍛えることです。洞察力や客観的で冷静な目を持ち、邪悪なものを跳ね除け、より良い選択と前進する力で幸運を得るサポートストーンです。

Stone_038

ガーデンクオーツ

和名：苔水晶

独自の世界観をサポートする石

水晶の内部に他の鉱物が含有され、まるで庭園や森林といった自然界の風景を思わせる石です。オリジナリティや独自の世界観を形成するのに役立ち、これまでコツコツと積み上げてきた努力や知識や経験を一つの世界（形）にしていくサポートストーンです。そろそろ形にしたい！　恐れずに自分を信じてやってみたい！　と思った時に身に着けると効果的です。

Stone_039

ゴールドカルサイト

和名：方解石

志を高め未来を開拓する石

カルサイトの中でも神秘的な力の強い石です。持ち主の志を高め、未来の開拓のための礎となる石です。屈折性の高い光は邪悪な物を寄せつけない神々しさがあり、ヒーリングにおいては、ヒーリングが必要な部位を照らす役割を持ちます。部屋の中に置いたら、時々眺める習慣をつけると効果的です。

Stone_040

ブラックオパール

和名：黒蛋白石

創造性と才能を開花させるカリスマ石

水分が多く非常に柔らかい石です。遊色効果（結晶の表面に近い層状構造により、虹のような多色の色彩が光の反射により起こる効果）を持つ独特な輝きは、古来より宝石として人々を魅了してきました。オパールの中でも黒味の強い遊色のものをブラックオパールと呼びます。創造性と才能開花の石、本来の幸せに導く石で、特にブラックオパールは自分を信じる力を強めるカリスマの石と呼ばれます。

Stone_041

サファイア

和名：青玉

直感力を高め、初志貫徹の強い石

ダイアモンドに次ぐ硬度の高さを持つ、９月の誕生石です。冷静な判断力と共に直感力を高め、初志貫徹の強い意志を持つサポートストーンです。目標に向かう努力を維持したい、リーダーとして凛とした姿勢を維持したい方にお勧めです。オフモードに切り替えが難しくなったら一旦身に着けるのはやめましょう。

Stone_042

パール

和名：真珠

自分を愛する気持ちを促す美のお守り石

貝の内部の異物が核形成を行い、カルシウムとタンパク質が奇跡的に美しい結晶をつくりあげた生体鉱物です。昔はダイアモンドより高価でした。心を穏やかにし、自分を愛する気持ちへの働きが強く、女性を品よく美しく見せる宝石です。実際、パールの成分には抗酸化作用や保湿作用があり化粧品にも利用されています。美のお守りであり、プレッシャーや不安、痛みといったストレス要因から守るサポートストーンです。

Stone_043

タンザナイト

和名：灰簾石

理想の自分に生まれ変わる誓いの石

タンザニア、メレラニ鉱山のみで産出される青色のゾイサイトです。宝石商のティファニーが、この石を「タンザニアの美しい夕暮れの空のようだ」といったことからタンザナイトと名付けられました。新しい自分への誓いの石、新天地で活躍するための石。これまでの良くないパターンを克服し、理想の自分に生まれ変わるためにとても有益なサポートストーンです。

Stone_044

クイーンコンクシェル

和名：コンク貝

優しい自分を引き出す幸せのお守り石

カリブ海に生息する、ピンクと白のとても可愛らしいコンク貝です。1800年代のヨーロッパで、この貝に彫刻を施したカメオが大流行しました。イライラやマイナス思考を遠ざけ、一番優しい自分を引き出します。身に着けた人といると、周りの人まで優しく慈愛の気持ちが高まるといわれる幸せのお守りです。

Stone_045

メタモルフォーゼス

和名なし

根元から変化を促す偉大な石

ブラジル・ディアマンティーナで採れる乳白色から薄ピンク色の水晶です。この石にガンマ線を照射するとブラックダイアモンドのような風合いになり、その後ゴールドグリーンのオーロヴェルデクオーツに変化します。このことから、変化変容のメタモルフォーゼスと名付けられました。この石で全てのヒーリングが完了するといわれ、蛹が蝶になって羽ばたくように、根元から変化を促していく偉大なヒーリングストーンです。

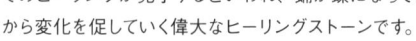

Stone_046

バナディナイト

和名：バナジン鉛鉱

生きる力に強く働く目標達成の石

北欧神話に登場する愛と豊穣の女神・バナジスから名付けられた石です。母岩に小さなキラキラとした粒で結晶します。薄茶色からオレンジのものが多く、赤い結晶のものもあります。この石は生きる力に強く働きます。目標達成のためならどんなことでもといった強さがあり、自分の状態を観察しながら使用することをお勧めします。弱気になっている時には、力強くサポートしてくれる石です。

Stone_047

ボージーストーン

和名：褐鉄鉱

全ての二元性に対して強く働く石

カンブリア紀の海洋生物の化石が、後にこの形に変化したとても珍しい鉱物です。流通するものは黒い色をしていますが、これは酸化変色を防ぐために加工された色です。凸凹のある男石とフラットな女石の二種類を持つことで、男性性と女性性、現実と霊性といった自己の中の全ての二元性に対して強い働きでバランスを取ります。ヒーリングにおいて、大きな助けとなる素晴らしいヒーリングストーンです。

Stone_048

ピンクマンガンカルサイト

和名：方解石

愛情が豊かで素直になる幸せの石

マンガンを多く含む、桜色の可愛らしいピンク色をしたカルサイトです。ブルガリアでは天然記念物とされています。見た目そのままのピュアな愛の石で、愛情表現が素直で豊かになり、また愛を受け取る力も敏感で豊かになり、幸せの純度が高まります。ただ、全ての基準が愛にフォーカスされていく傾向にあり、期待度も高くなる傾向にありますので、過剰にならないように意識して持つことをお勧めします。

Stone_049

ラブラドライト

和名：曹灰長石

深い部分を癒してくれるヒーラーの石

結晶の表面にオーロラのような光が泳ぐ、ラブラドレッセンスと呼ばれる美しい光を持つ魅惑的な鉱物です。色彩はブルーを中心にイエローやピンクなどの光を放つ物もあります。ヒーラーの石ともいわれ、人を癒す仕事の人や自分の生まれた意味や使命を考える人、他の人とはちょっと違う感性を持っていると感じている人に特に効果的です。自分でも理解できない、深い部分を癒してくれる素晴らしいヒーリングストーンです。

Stone_050

ブルームーンストーン

和名：曹灰長石

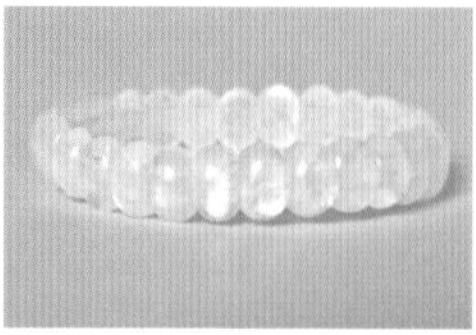

女性性を高め、トラウマを癒す石

フェルドスパー（長石）グループの仲間で、研磨することで青色の光が浮かび、月を思わせる神秘的なこの石には、古くから数多くの伝説が残ります。女性特有の感情の浮き沈みや、トラウマを癒すサポートが強い石です。特に月の満ち欠けによる気分のアップダウンを感じる人は、この石の効果を感じやすいでしょう。女性性を高めるので、穏やかで大らかな気持ちになり、男性から優しくされることが多くなる、といった効果を感じる人も多いようです。

Stone_051

プレセリブルーストーン

和名：斑点輝緑岩

魂の目的を知らせるミステリアスな石

イギリスのプレセリ丘陵でのみ採掘される希少な石で、特殊なエネルギーサークルを持つことで有名なストーンヘンジに使われている石です。前世からのメッセージを受け取る、過去生を理解し、魂の目的を知るなどといった非常にシャーマニックでスピリチュアルな石です。この石の良いところは、スピリチュアルな意味合いが高い上、同時にグラウンディング力も持つことです。

Stone_052

エンジェライト

和名：硬石膏

気づきと感謝の意識を高める石

天使を想像する青空のようなブルーの石で、ペルーのナスカで産出されます。この石の得意なことは、幸せの純度を上げる働きで、日頃当たり前になってしまっていることへの気づきが高くなり、感謝の気持ちが高まります。その根底には、否定的な感情を薄めて肯定的な需要への意識が高まることにあります。優しい言葉を発したい、または素直な表現がしたいといった人にもお勧めです。柔らかい石ですので取り扱いには注意が必要です。

Stone_053

タンジェリンクオーツ

和名：蜜柑水晶

優れたバランス力とエネルギー活性の石

一見オレンジ色の水晶に見えますが、表面にヘマタイトが付着し酸化したもので中は透明な水晶です。水晶の優れたバランス力に加え、エネルギーの活性化が強く、肉体的に疲れている時や弱っている時に、身に着けたり第1チャクラをヒーリングすると良い石です。更年期障害を感じる時も効果的です。

Stone_054

フックサイト

和名：クロム雲母

落ち込みから抜け出し活力を生む石

薄く剥がれやすい性質を持ち、表面はアベンチュレッセンスというキラキラ光る現象が見られます。人間関係に疲れてしまった時、失敗や挫折感で落ち込みから抜け出したい時に、負のスパイラルから抜け出す手助けとなる石で、前向きな活力が生まれてきます。

Stone_055

ダイオプサイト

和名：透輝石

自分の領域を守り平穏を保つ石

深く濃い緑色の石で大きな結晶にならないので希少です。人の言動に敏感に反応してしまう人に特にお勧めです。内部からも外部からも、自分は自分という領域を守るのに役立ち、明るく平穏な状態を維持するのに役立ちます。

Stone_056

アマゾナイト

和名：天河石

希望や夢を信じ、心を安定に導く石

別名ホープストーンと呼ばれる希望の石です。未確定な未来に不安を感じやすい人や、具体的な解決策がない悩みを抱えている人にとって、漠然と良い未来を信じられる気持ちを高め、感情を安定に導く石です。希望や夢を迷わず持ち続けたい人にもお勧めです。

Stone_057

アジュライト

和名：藍銅鉱

超感覚能力を高める
インスピレーションの石

母岩に結晶したアジュライトは、まるで惑星のようです。古来の医学書などにも登場し、古くからこの石の力が信頼されてきました。人が普段使っていない超感覚能力を高めたり、頭脳明晰にする効果が高く、勉学に集中する時や判断力が求められる時、また、インスピレーションを必要とする仕事の方にお勧めです。

Stone_058

ターコイズ

和名：トルコ石

自分らしく生きる旅のお守り石

原石の状態ではブルーですが、柔らかい石のため、隙間に樹脂を浸透させる加工が一般的で、その際に着色されることがほとんどです。災いを避け目的地に到達させてくれる石として、インディアンの間で旅のお守りや、戦いに勝つ石、勇気の石とされてきました。表現力に乏しい人や、他人の目が気になり自己表現が苦手な人、自分らしく生きることに自信を持ちたい人、または目的達成を果たしたい人にお勧めです。

Stone_059

レピドライト

和名：リチア雲母

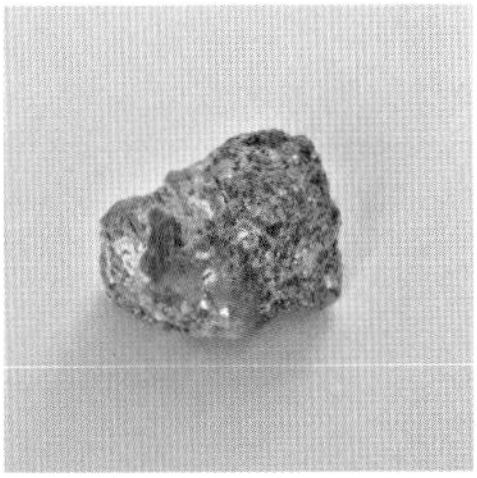

変化する勇気を促すサポート石

雲母の一種で鱗片状の結晶がキラキラとしています。この石は、変化をサポートする力に長けています。人は変化を恐れる動物といわれます。変わりたいと思っていても、古い思い癖から抜け出すことに不安を感じて、結局変われない、変わる勇気がないという時、この石は麻酔的な役割で変化を促すサポートをします。

Stone_060

パイライト

和名：黄鉄鉱

頼り甲斐があり強い邪気祓いの石

黄金の力強い輝きを放つ石で、造形物のように整ったキューブ型や６面体、８面体の天然結晶が特徴です。強い邪気払いの石であり、実際に効果を感じたという人が多い頼り甲斐のある石。邪気祓いに効果のある石は色々ありますが、パイライトは近寄って欲しくない明確な相手やエネルギーがある時に、自分の近くに置くと良いです。

Stone_061

デザートローズ

和名：砂漠の薔薇

愛情における願いが叶う繊細な石

別名、願いを叶える砂漠の薔薇です。特に愛情においての願いが叶いやすいといわれます。実際には悪縁を遠ざける効果を感じる人が多く、それにより本来向けるべき良い感情にフォーカスしていくことができます。割れやすい石ですので取り扱いに注意が必要です。

Stone_062

ソーダライト

和名：方ソーダ石

表現する力や勇気を促す石

原石のラフの状態では、非常にラピスラズリと間違えやすい石ですが、ラピスラズリのほうが少し鮮やかな青色です。精神面を強化し意思を貫徹するのに役立つ石です。そのための表現する力や勇気にも効果的です。ラピスラズリが強いと感じる人にはこちらをお勧めします。

Stone_063

ファントムクオーツ

和名：山入水晶、幻影水晶

エネルギーを再生復活させる石

水晶の中にもう一つ山型の錐面の姿が見える結晶です。成長過程で一旦成長が止まり、その表面に他の物質を取り込み再び成長したことで、中に山型の幻影や模様が見えます。取り込んだ物質により様々なビジュアルになります。再生復活というキーワードを持つ石で、目標や夢の復活や意志を再び活性化する時の大きなサポートストーンです。

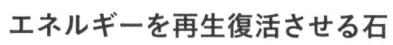

Stone_064

ピンクフローライト

和名：ピンク蛍石

心配事による不安を解消する石

カラーバリエーション豊かなフローライトの中で、ピンク色は希少です。気が利いて心配症がゆえに、穏やかさを保てない、リラックスできないといった方に特にお勧めの石です。余計な心配事が多く、本来の役割が疎かになったり、楽しみを満喫できない方に安定をもたらしてくれる石です。

Stone_065

ペリドット

和名：橄欖石

不安や恐怖に光を射す
太陽エネルギーの石

鉱物学上ではオリビンと呼ばれる石で、マントルの主要成分です。地球上で結晶する鉱物とは異質の特徴を持ちます。暗闇で光る性質を持ち、古来エジプトの鉱山では、新月の夜にこの石を掘ったといわれます。強い太陽エネルギーの石で、負のスパイラルに陥り、出口が見えなくなってしまった時、不安や恐怖が強い時、一点の光を見出す助けになる石です。

Stone_066

ルビーゾイサイト

和名なし

邁進する力と自分を信頼する力を促す石

緑色のゾイサイトの中に赤いルビーが結晶している可愛らしい鉱物です。エネルギー不足の時や、エネルギーを使いたくても他人の評価を心配して進めない人、まっしぐらに進む力と自分を信頼する力が欲しい人にお勧めの石です。ルビーが強すぎる人には、こちらがお勧めです。

Stone_067

ハウライト

和名：菱苦土石

肉体や思考の滞りによく反応する石

現在流通しているこの石はほとんどがマグネサイトという鉱物です。ややこしいのですが、以前はハウライトという鉱物が実際に流通していましたが、現在ではほとんど採掘されることはなく、見た目がそっくりなマグネサイトがハウライトという名前にとって代わり流通しています。この石を青く染めてターコイズのそっくりさんが作られるので、ターコイズの代用品のようなイメージがありますが、肉体の滞りによく反応する優れたヒーリングストーンです。飽和状態の思考や頑固な思考にも強く働きます。

Stone_068

ハーキマーダイアモンド

和名なし

未来への希望が強くなり夢を掴むクリスタル

ニューヨーク州ハーキマー鉱山でのみ産出される、ダブルターミネーテッドに結晶したクオーツ（sio2）です。他産地でこの名前のクリスタルが流通していますが、ハーキマーダイアモンドと呼べるのは、この鉱山で産出されたものに限定されます。別名ドリームクリスタルと呼ばれるこの石は、予知夢を見たり、将来や未来への展望が鮮明に見えてきたり、未来への不安よりも希望が強くなってきたりなど、夢を掴むクリスタルといえます。

Stone_069

リモナイトインクオーツ

和名なし

ポテンシャルが上がる仕事や財運の石

水晶の中にリモナイトが含有された石です。オレンジやゴールドの含有物が、透明な水晶の中や表面で光り、オーロラクオーツとも呼ばれます。この石は、とにかくモチベーションを上げたい時に効果的です。モチベーション、ポテンシャル、テンションを上げていきます。仕事を頑張りたい人には、財運のキーワードも持つので特にお勧めです。

Stone_070

プラジオライト

和名：緑水晶

トラブルに向かうエネルギーを楽にする石

グリーンアメジストとも呼ばれる石です。アメジストを650℃で加熱し、透明なミントグリーン色に変化させた美しい石です。ブラジルのバイヤ州やアメリカのアリゾナ州など一部の地域で産出され、さらにその中の一部のアメジストのみしかこの変化を起こさないため、大変希少です。対人関係を円滑にするのに役立ちます。既にトラブルがある、トラブルになりそうだといった時や、対面での仕事など人と向かい合う場面が多い方のエネルギーを楽にしてくれる効果の高い石です。

Stone_071

パライバトルマリン

和名：リチア電気石

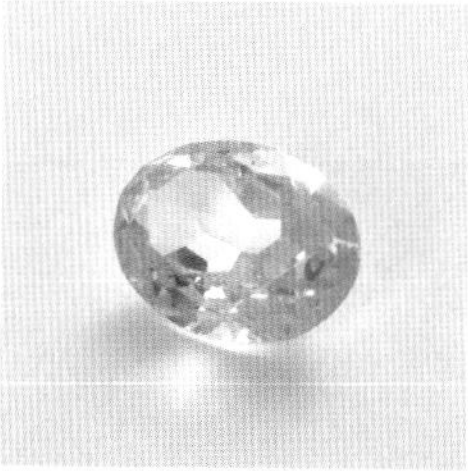

閃きと発想力で目標達成のスピードを上げる石

ネオンブルーが幻想的で魅惑的なトルマリンです。トルマリンの中で、最も価値が高いといわれます。この石を手にした人は「なぜ今存在するのか？」ということに大きな気づきを得ていくでしょう。漠然と自分を信じられる気持ちが高くなり、本能的な閃きや発想力、危険察知力などが高まり、目標達成のスピードが上がってきます。自ら電気を帯びる力を持つこの石は、持ち主にとっての良質なバッテリーのような役割を果たすでしょう。

Stone_072

グリーンフローライト

和名：蛍石

心身を癒し守ってくれる存在と繋がる石

カラーバリエーション豊かなフローライトの中で、グリーン色をした石です。ペットにも安心な優しくて大らかなエネルギーの石です。心身の癒しに強く働き、穏やかな気持ちになり、本来のポジティブな思考を取り戻すことに役立ちます。守ってくれる存在と繋がる石ともいわれています。ヒーリングで使用の際は、エネルギーが残りやすいため、直後に他の人に使う場合、石が纏った表面のエネルギーを浄化しましょう。

特別な石 ダイアモンド

◆手放しでは喜べない石

ダイアモンドは鉱物界の中で最も強い硬度を持ち、どんな鉱物もダイアモンドを傷つけることはできません。そのような強靭な鉱物でありながら、カットされたダイアモンドは、鉱物界の中で最も高い屈折率で繊細な美しい光を放ちます。

しかし、「磨けば光るダイアの原石」と呼ばれる言葉通り、原石の状態で光り輝くことはなく、発見当初はダイアモンドよりも真珠の価値が一番高かったといわれます。ダイアモンドは磨き上げ、カットを施すことで、鉱物界で最高峰の輝きが生まれたのです。

さらに、この石の価値を上げたのは、今から100年ほど前、ベルギー

diamond

の数学者であり、ダイアモンドカッターのマルセル・トルコフスキーが作り上げた、ブリリアントカットです。綿密に光の反射を計算したこのカットは、他の石では叶わない、更なる眩い輝きで人々を魅了したのです。

その後、デビアス社が1970年代に世界に発信した〝ダイアモンドは永遠の輝き〟〝スイートテンダイアモンド〟といったキャッチコピーによって、あっという間に世界中の女性達の憧れの婚約指輪としての地位を確立しました。

そのダイアモンドの効果効能は天と地を統合した強力な活性作用で「全てを手にするカリスマ性をもたらす」「普遍的な幸せを手にする」「才能を開花させる」「精神力を強くする」「成功と栄光を手にする」などといわれます。ただ、この石は手放しで喜ぶべき石ではなさそうです。

ダイアモンドはあらゆる力を増幅させる媒体となる石で、カットされた美しいダイアモンドは強烈な二面性を持つエネルギーとなり、良い面も悪い面も強く増大する働きがあり、全てを明瞭にしていき、さらに多くの光を集めて増幅し続けるというものです。劣化することも、光を失うこともない性質を持ったこの石だからこその働きといえます。光を見えない振動とした時に、その中にはマイナスのエネルギーとプラスのエネルギーのどちらも存在しています。

そのため、ダイアモンドには逸話や歴史に残る怖い話もたくさん存在しています。

ルイ14世をフランス革命に導き、その後オスマン帝国のスルタンを失脚させたといわれるホープダイアモンド。マリー・アントワネットを窮地に追い込む大きなきっかけとなった、540個のダイアモンドのついた首飾り、リチャード一世の身代金になったダイアモンドなど、他にもたくさんあります。

◆身の丈にあった石を身に着ける

ダイアモンドの変わらぬ光は、良くも悪くも人をコントロールするもので、良いコントロールを受けるには、決して無理をして手に入れることはせず、身の丈にあったダイアモンドを身に着けることをお勧めします。

ダイアモンドを手にしたら、良い意識を心がけ、困難があったらその意識を持って乗り越え、幸せに向かい自ら努力をしていくと、ダイアモンドの効能である成功や普遍的な幸せを手にできるのではないかと思います。

しかし、この効果を手に入れるには長い時間のプロセスがあります。ダイアモンドが永遠の輝きを放ち、この石を婚約指輪として身に着けるのは、まさにこのようなことからなのでしょう。

◆もっとも大きな石は英国王室に

ダイアモンドには、ピンク、イエロー、ブラックといったカラーダイアモンドも存在し、白い物は永遠の絆、ピンクは喜び、ブラックは悪霊払い、イエローは希望の象徴とされます。

ちなみに世界で一番大きなダイアモンドは、1905年に南アフリカのカリナン鉱山で発見された、3106カラットのカリナンです。このダイアモンドは英国王エドワード7世に贈られ、9つの大きなダイアと96個の小さなダイアモンドにカットされ、大きい物から順番に、カリナン1世、カリナン2世…とカリナン9世まで名付けられています。

この中で一番大きな530カラットのダイアモンドは王室の王笏《おうしゃく》に施され、317カラットのカリナン2世は王冠に、他にも女王や王妃のブローチ、ネックレスなどに施されており、今も英国王室にあります。

ダイアモンド

和名：金剛石

英国王室所蔵のカリナン1～9世

肉体的作用

魔を寄せつけない強いエネルギーが出てくる。肉体的エネルギーが向上し、理想の具現化に向かう体力が増強する。

精神や感情面への作用

自分自身に自信がついてくる。自分の魅力を意識するようになる。向上心が高まる。意思が強くなる。探究心が強まり理想を追求する意識が高まる。

このような状態の時にオススメ

自分の魅力を低く見ている。自分にもっと自信を持ちたい。他人から魅力的に見られたい。理想に向かう勇気が欲しい。困難を乗り越える精神力を得たい。夢や希望を現実のものとして手に入れたい。

気をつけるべき注意点

身の丈に合っていない大きな石を身に着けていると、困難や、過酷な努力を強いられる状況が訪れるという逸話がたくさん残る石。現在の経済力、社会的地位、経験値や精神力などを考慮して、身の丈に合ったものを身に着けること。

第4部

知っておきたい天然石Q&A

天然石について、日頃寄せられるご質問の中で多いものをピックアップしています。

Q01 天然石の浄化についての情報が様々でわかりません。そもそもなぜ浄化が必要なのですか？

A 「天然石による浄化」とは、〝天然石は悪いものを吸い取る〟といった古来の考え方が大元になっているように思います。しかし、現代において物理的に天然石が悪いものを吸い取る事象は見当たりません。

ただ、石を構成している分子は元素の核とその周りを回る電子で構成されており、固有の振動を持っています。従って石の周りには、それら固有の振動するエネルギーの波があり、誰かが持っていたり身に着けていると、その干渉波を受け一時的に本来のエネルギーが増幅されたり、弱まることがあります。

しかし、石の個体自体が変化をすることは物理的には起きません。

これらを踏まえて浄化とは、石から発している固有振動を元の状態に戻すという考えになります。気分的に石が悪い物を吸っている気がするのであれば、その悪い気を追い出す、綺麗にするという意味での浄化になるでしょう。

Q02 どのような浄化方法があるか教えて欲しいです。

A 以下の解説から、それぞれの考えで浄化をされると良いと思います。

・塩

塩には高い浄化力があると感じますが、天然石を塩に埋める、載せるなどの行為により、天然石を傷めてしまうことが多々あります。

天然石には照り艶を良く見せたり、傷つきを防止するために樹脂が施されていることが多く、塩に長時間触れると樹脂が剥がれたり照りがなくなったり、柔らかい石は微細な穴が開くことがあります。そのため塩による浄化はお勧めできません。

・月、太陽

月は海の満ち引きに見られるように、陰性の鎮める強い波動を持っています。太陽エネルギーを持つイン

カローズやガーネットなど、高めることが得意な石にとっては逆効果になります。

太陽は紫外線を多く含んでいます。天然石には、アメジストやスモーキークオーツなど紫外線により退色する性質を持つ物が多く、注意が必要です。

・セージ

昔から浄化に使われるハーブの一種で、葉を燃やした煙を燻らせて使用します。スッキリした香りでクリアになる効果を感じます。煙幕により照り艶が悪くなりますので、セージで浄化した後は柔らかい布で拭いてあげましょう。

・音叉

叩くことで一定の周波数を発生させる音響器。楽器の調律器具として使われることが多いですが、周波数がクリスタルと調和するといわれる、４０９６Hzの物がお勧めです。

音叉同士を叩く、クリスタルで音叉を鳴らすなど、浄化したいクリスタルに音の波長を届けるイメージで使用します。

・細石（さざれいし）

細石になる前の状態が、六角柱に結晶した天然水晶（ロッククリスタル）であれば、物理的に確かな効果を得られます。基本的に綺麗な形状の水晶はそのままの状態に高い価値があり、クラッシュして細石を作ることはありません。あまりにも透明で綺麗な物は人工的な細石の可能性も高く注意が必要です。

・クラスター

物理的に水晶（ロッククリスタル）、及び天然（非加熱）スモーキークオーツのクラスターが、波動を整える、元に戻すという確かな強い効果を持っています。側に置く、載せるなどで充分な効果が得られる手軽で安全な方法です。

細石

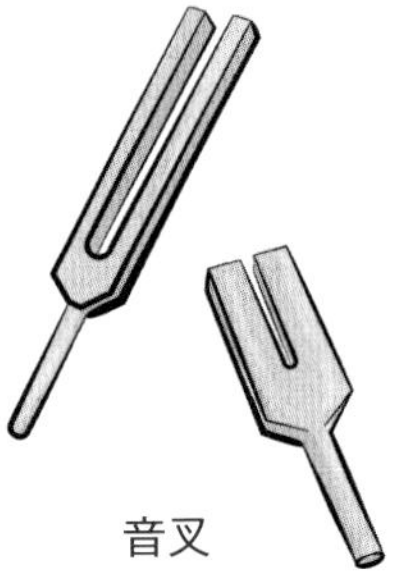

音叉

セージ

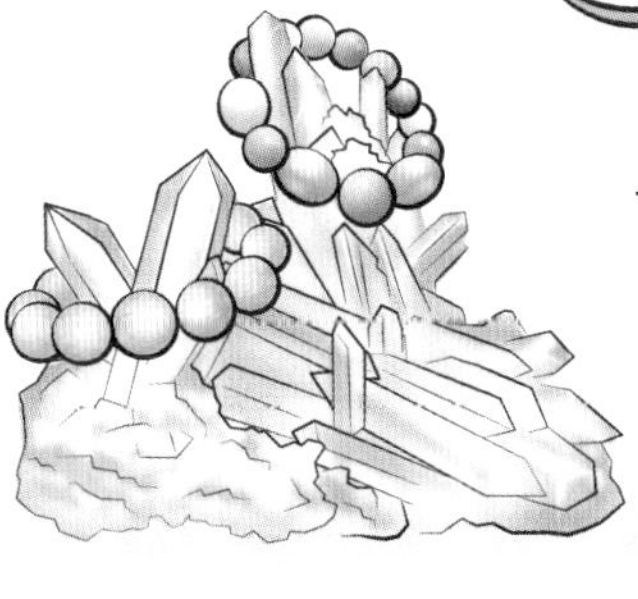

クラスター

Q03 クオーツは天然水晶なのですか？

A クオーツ＝水晶（ロッククリスタル）と認識している方が多いかもしれませんが、鑑別上クオーツは石英を表しています。六角柱に形成した水晶は、鑑別上ロッククリスタルと表記されます。

石英とロッククリスタルを構成する成分は同じですが、産業や科学に貢献する水晶の物理的性質は、六角柱に形成された物のみ適用されます。物理的な水晶のバランス力を望むのであれば、ロッククリスタルを選びましょう。

Q04 希少価値の高い石はパワーが強いのですか？

A 希少価値は流通量に関係するものでパワーとは別です。ポピュラーな石でも強い干渉エネルギーを持つ石がたくさんあります。

Q05 パワーストーンの色が変わりました。邪気を吸ったのですか？

A パワーストーンと呼ばれる天然石は非常に繊細な結晶が多く、紫外線や汗、水の塩素やヘアスプレー、香水の霧、浄化の塩などでも変色や劣化を起こします。そのため、邪気を吸ったから色が変わるとは一概にはいえません。私の経験上では、邪気により色が変わった、といわれた例は物理的に解決の説明がつくものでした。それらのことも念頭に置いてみましょう。

Q06 ブレスレットが切れたり、ブレスレットの球が割れたりするのは悪い兆候ですか？

A ブレスレットに使用する紐やワイヤーは劣化などで物理的に切れてしまうことがあります。気になるようでしたら、水晶クラスターなどで浄化した後に、新しい紐で結び直してください。フレッシュに蘇ります。

ブレスレットの球は、紐を通すための穴を開ける際に微細なヒビがたくさん入ってしまいます。特に、劈開性の石は一方向に割れる性質があり、日常の些細な衝撃で割れることがあります。

Q07

様々な種類の石をブレスレットに入れると多くの効果が得られますか？

A

残念ながら、一つの石の効果×石の種類＝複数の効果という図式は成り立ちません。甘味と辛味を混ぜると中和された味になるのと同じで、互いの波動が影響し合い、融合した別の波動になります。複数の効果を得たいのであれば、ペンダント、ブレスレット、ピアスなど、身体の離れた部位に別の石を用いると、心身の適応する箇所と共振します。

Q08 天然石のアクセサリーに金属の飾りを入れると効果が遮断されると聞きましたが本当ですか？

A そんなことはありません。むしろ天然石の波動を遮断するためには、物理的に波動を遮断できるアルミホイルを巻いたり、特殊な装置に入れたりするなどの必要性があります。

Q09 自分のパワーストーンを他の人が触ってしまいました。悪影響がありますか？

A 基本的に働き方に変わりはありません。ただ、瞑想やヒーリングなど、波長を合わせていくワークに使った場合はその都度浄化をし、半日位経ってから使用しましょう。これは、ヒーリングや瞑想といったワークにおいては、自らの波動を天然石の波動に共振させる、または干渉させており、天然石を取り巻く波動が、一時的に使用者の波動の影響を受けているからです。

また、気分的に嫌だと感じた場合も一度浄化をすると気分的に落ち着くでしょう。

Q10 **石の種類によってなぜ効能が違うのですか？**

A 石はそれぞれ違う分子で構成されていて、分子を構成する原子によって振動が違います。音楽を聞いた時、音色（音の振動）で心の震え方が変わるのと同じイメージで捉えてみてください。

Q11 **公園や庭の石にもパワーがあるのですか？**

A 地球で作られた天然石であれば波動を持っています。庭石に腰掛けていると落ち着く、などといった効果もその一つです。

Q12 **天然石に本物、偽物はありますか？**

A 天然石を装った偽物はたくさんあります。一概にはいえませんが、特にブレスレット用のビーズ玉やアクセサリーに使用される石で、色が単一、もしくはクリアで傷のない透明な石などは加工品が多く要注意です。本来クリアな透明で傷のない天然石は宝石として扱われます。

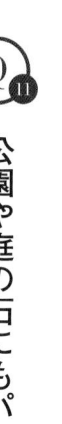

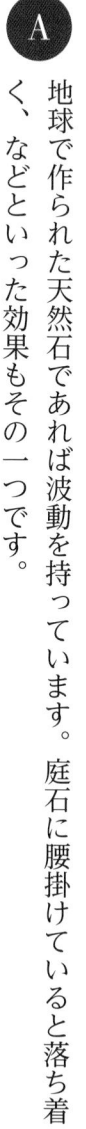

Q13 本物の天然石はどこで購入できますか？

A 難しい質問ですが、扱っている石について、結晶の状態や成分や構成、産地など詳しく説明できる方が販売していると安心だと思います。

Q14 天然石の効果はどれぐらいで得られるものですか？

A 一時的に不安定になっている状態ですと、握ったり体に置いているだけですぐに効果を感じることもありますし、根本からの変化と結果を望む場合は、年単位での段階が必要なこともあります。しかし、共振や干渉といった現象はすぐに始まります。いずれも意識を向けることで波長が合いやすくなります。

Q15 天然石は常に持ち歩いたり、身に着けておいたほうが良いのでしょうか？

A 効果を得たい時は、できれば常に身に着けておいたほうが良いでしょう。

Q16 家に天然石を置いておく場合、お勧めの置き場所はありますか？

A 置く石や目的によって変わります。その石の効果効能に合わせ、目的の場所に置いてください。アルミ素材の上に置くのは、エネルギーの通りが悪くなるので避けましょう。石の周りをお気に入りの写真や花などで飾り聖域を作ると良いでしょう。

また、水晶以外の天然石は、天然水晶（ロッククリスタル）から作られた細石の上に置くと、常に安定した波動を保てます。

Q17 天然石は大きいほうが効果があるのでしょうか？

A 一般的に大きな石のほうが振動する活動量が多く、効果が高いでしょう。しかし、彫刻された水晶は、大きさに関わらず、元の水晶のエネルギーと同じになるので一概にはいえません。

Q18 ブレスレットやネックレス、指輪など身に着け方がいろいろありますが、何を選んだらいいでしょうか？

A 目的の効果に対応するチャクラの近くに身に着けるのがベストですが、チャクラから離れていても波動は互いに探し合い干渉しますので、アクセサリーとして身に着けるなら、あまり気にしなくて良いです。視覚効果による脳の意識の働きは大きいので、気分が上がる場所に着けると良いでしょう。すぐに効果を得たいのであれば、アクセサリーの石を対応チャクラに当ててヒーリングを行うと効果が得やすいです。

Q19 子どもや赤ちゃんなどにも身に着けさせていいのでしょうか？

A 天然石はアンバランスを導くこともあるので、石選びが大事になります。水晶は過剰に働くことがなく、常に安定したエネルギーに導くので安心です。赤ちゃんや小さな子どもならローズクオーツもお勧めです。

おわりに

本書を書き上げながら、クリスタルクラスを始めた2007年当時を思い出しました。当初は家を新築したので、ここでお教室が出来たらいいな、という軽い気持ちでした。当初は講座開催というより、自宅リビングで開催するお教室という感じで、キラキラしたクリスタルに囲まれ、それはそれは楽しいものでした。同時に世の中がスピリチュアルブームに突入し、天然石が誇張して発信されることで、怪しいという懐疑的な意見に負けたくない、という気持ちが強く湧いてきたように思います。

それらを一つずつ解決していくには、学生時代には興味もなかった、鉱物学や物理や量子、やがては統合医療といった分野の知識が必要になっていきました。

一つの物事は一方から見ていただけでは理解はできなかったのです。けれど天然石の仕組みについて書かれている文献や資料は難しく、特にヒーリングが起きていく、根本の仕組みとなる量子力学の分野は、出てくるワード毎に、一つずつ調べながら進まなければなりませんでした。何度も読んでは噛み砕き、自分の言葉で文章に直すという作業の繰り返しは、今振り返ると孤独な作業でしたが、いつも根底には、目に見えない世界を紐解いていくワクワクした気持ちがありました。

この宇宙は、目に見える物質世界と、目に見えない異次元世界のペアで成り立っていて、さらには〝良い方向〟〝悪い方向〟どちらにもいけるゼロの世界があります。どんな時もこの法則は変わらないのです。

誰にとっても、この世を生きていくには大変なことが次々起こりますが、自分でゼロ地点に立ち戻れる力や、方向転換できる力を持って、人生のストーリーは自分でつくっている、という自覚を持てる人が増えたら良いと思っています。依存や批判が減り、互いを尊重でき、健康を他者任せにしない自己責任感を持つことは、これからますます必要になっていくでしょう。

それらを得るために、石は一つのツールになれるということを、まずは懐疑心のない、ゼロの地点に立って知ったり学んだりして欲しい。

そう思いこの本を書きました。

鉱物からは色々なことが学べるのです。

自分が得てきた知識を立体化する上で、助言をくださった鉱物や物理学の先生方、一緒に実験や研究協力をしてくださったラボの学生や教授の先生、流通が可視化された天然石を提供してくださるバイヤーの方、私と一緒に学びながら、天然石のヒーリング効果をシェアしてくれた受講生の皆さんや、応援してくれるスタッフ、そして多くの方に伝える場をくださった、本書の出版者様に深く感謝いたします。

そして最後に、いつも変わることなく側にいる家族に感謝の思いが広がります。

私自身は、そろそろ還暦を前に、これからも天然石のレクチャーをしながら、生きてきた全てを糧に、大きくしなやかに生きていきたいと思います。

本書を手にしてくださった方が、上手に天然石を使い、より良い毎日を送られることを願っています。

２０２１・夏　伊藤麻美

思考のすごい力　PHP 研究所　著者：ブルース・リプトン　翻訳：西尾香苗

クリスタル・ジャーニー　著者：ジェーンアン・ドウ　翻訳：沢西康史

クリエイターの為の宝石事典　著者　飯田 孝一

The Crystal Directory: 100 Crystals for Positive Manifestation　author　Sarah Bartlett

The Crystal Fix　author　Juliette Thornbury

Crystal Zodiac: An Astrological Guide to Enhancing Your Life with Crystals　author　Katie Huang

Crystal Companion: How to Enhance Your Life with Crystals　author　Judy Hall

Chakra Healing and Meditation: A Complete Healing Guide for Balancing Chakras with Meditations　author Jack Scott

Global Wellness
Sumit report

Quantum Wave Information of Life Revealed: An Algorithm for Electromagnetic Frequencies that Create Stability of Biological Order, With Implications for Brain Function and Consciousness
Projects: Quantum Coherence in Animate and Non-animate SystemsMechanisms for membrane transport of drugs in relation to drug disposition and drug targeting
authors　Hans J.H Geesink（independdent researcher）
Dirk K F Meikier（University of groningen）

This page is maintained by Jean-Michel Beuke　Academic responsibility : Xavier Gonze

A Public Health Agenda for Traditional, Complementary, and Alternative Medicine
American Journal of Public Health

Complementary and Alternative Medicine　Search worldwide, life-sciences literature　Book from World Bank, Washington

Complementary and alternative medicines（CAMs）are treatments that fall outside of mainstream healthcare.
The US National Center for Complementary and Integrative Health（NCCIH）uses this distinction

Parliamentary and Health Service Ombudsman website

National Center for Complementary and Integrative Health（NCCIH）

Ahhiliation of Crystal Healing Organisations　ACHO websites

参考文献

なるほど The 水晶デバイス　株式会社大真空企業サイト

共振共鳴現象とは？同調回路の仕組み　TDK corporation、TDKworld wide サイト

多くのヒトは地磁気に対する感受性を潜在意識下で未だに有している
　提供　東京大学
　発表者　コニー・ワン（カルフォルニア工科大学、計算神経システム、博士過程）アイザック・ヒルバーン（カルフォルニア工科大学、地質学、惑星科学、開発 Associate）ダゥアン・ウー（カルフォルニア工科大学、生物学、生物工学、ラボマネージャー）水原悠貴（研究当時、東京大学、大学院情報理工学系研究科、システム情報学専攻、修士課程）クリストファー・コステ（カルフォルニア工科大学、地質学、惑星科学、リサーチテクニシャン）ヤコブアブラハム（研究当時、カルフォルニア工科大学、地質学、惑星科学、学士課程）サム・バーンスタイン（プリンストン大学、計算科学、学士課程）眞添歩（東京大学、大学院情報理工学系研究科、システム情報学専攻、准教授）下條信輔（カルフォルニア工科大学、生物学、生物工学、教授）ジョー・カーシュピンク（カリフォルニア工科大学、地質学、惑星科学、教授）

鉱物学 -21 世紀に向けての開花　著者：理学系研究科鉱物学専攻長　武田弘

共鳴、共振　分かりやすい高校物理

高等学校物理 / 波の性質　wiki Book

波動現象　北海道大学　大気海洋物理学・気候力学コース

鉱物の不思議がわかる本　成美堂出版　松原聰　監修

鉱物とは
　提供サイト　企画展ミネラルズ　企画協力　愛媛県総合科学博物館　株式会社　小室宝飾
　ホリミネラロジー株式会社　石田啓祐　神野裕之

マクスウェルの電磁理論の確立にみる変位電流の意義　国立情報学研究所 CiNii サイト
　著者：鬼塚史朗

気と波動医学、磁気京明波動分析器による検証　著者：久米歯科医院、久米清

シュレーディンガー選集 1: 波動力学論文集　共立出版　著者：湯川秀樹監修　田中正、南政次　共訳

シュレーディンガー選集 : 時空の構造・統計熱力学　共立出版　著者：湯川秀樹監修　田中正、南政次共訳

ひとりで学べる一般相対性理論　講談社　著者：唐木田健一

振動と波（基礎演習シリーズ）　裳華房　著者：長岡洋介

聖なる科学　成橋出版　著者：実藤遠

原因不明の体調不良は振動覚の狂いが原因だ　セルバ出版　著者：外山仁

思考は現実化する　きこ書房　著者：ナポレオン・ヒル　翻訳：田中孝顕

天然石索引

カバー・本文デザイン	福田麻美子・フロックキングスタジオ
本文 DTP	有限会社タダ工房
イラスト	山田有紀
写真	寺内康彦
編集協力	中屋麻依子

著者プロフィール

伊藤麻美 Asami ito

一般社団法人Healing-stone-Laboratory代表理事

東京都出身。自身の難病発症を機にクリスタルヒーリングに出会う。ヒーリングクラス終了後、米シアトルにてクリスタルアチューメント習得、2007年クリスタルクラスをスタートさせる。鉱物認定士、カウンセリングマインドスキル、行動心理学、カラー心理、振動医学を続けて学ぶ。後にアーユルヴェーダ応用術マイスター、チベット体操インストラクターを取得。資格認定講座他スクール開催、コラボイベント、ワークショップ、オンラインショップを運営、また、書籍出版、ジュエリーブランド商品監修、特許庁認可商品オーラハンドクリスタル、特許庁認可クリスタル・インテグレーションの確立。
融合医療関係者とのコミュニケーションをはかり、代替医療への関心や知識を広める活動も同時に行う。また、世界中のライトワーカーやバイヤーとのコミュニケーションも大切にし、スピリチュアルの奥深さの探求や、エシカルな天然石の流通に協力し活動を続けている。

ホームページ
https://www.healingstone-lab.com
インスタグラム
https://www.instagram.com/healingstone_hauoli/

科学で証明するパワーストーン入門
なぜ天然石が幸運をもたらすのか？

2021年10月6日　初版第1刷発行
2023年6月9日　　第4刷発行

著者　伊藤麻美
編集　須田とも子
発行人　松本卓也
発行所　株式会社ユサブル

〒103-0014
東京都中央区日本橋蛎殻町2-13-5
電話　03 (3527) 3669
ユサブルホームページ　http://yusabul.com/

発行所　株式会社光邦

ISBN978-4-909249-41-8

定価はカバーに表示してあります。
落丁・乱丁はお手数ですが、当社までお問い合わせください。

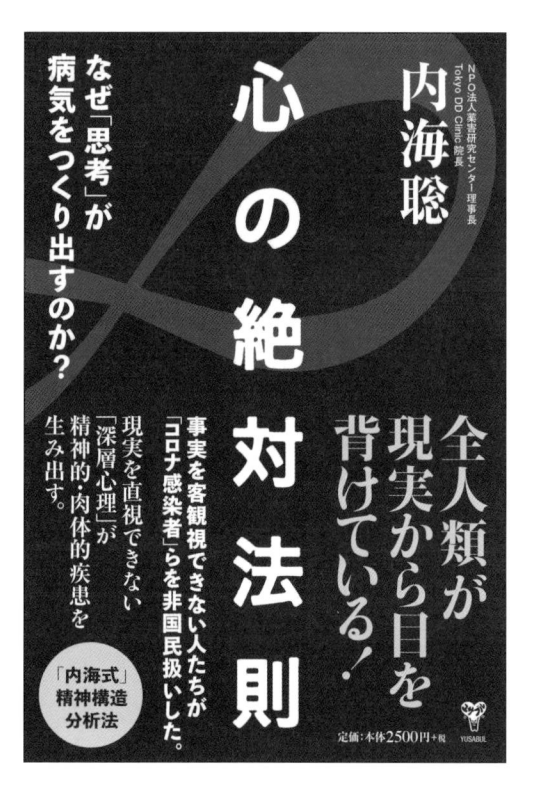